集团教师的"铁"与"流"

教育均衡视角下的教师流动机制研究

丁利民 等◎著

华东师范大学出版社
·上海·

图书在版编目(CIP)数据

集团教师的"铁"与"流"：教育均衡视角下的教师流动机制研究/丁利民等著. —上海：华东师范大学出版社,2021
 ISBN 978 - 7 - 5760 - 1828 - 8

Ⅰ.①集… Ⅱ.①丁… Ⅲ.①教师－人员流动－研究－中国 Ⅳ.①G525.1

中国版本图书馆 CIP 数据核字(2021)第 134394 号

集团教师的"铁"与"流"
教育均衡视角下的教师流动机制研究

著　者	丁利民　等
责任编辑	彭呈军
特约审读	王莲华
责任校对	张　波　时东明
装帧设计	卢晓红

出版发行　华东师范大学出版社
社　　址　上海市中山北路 3663 号 邮编 200062
网　　址　www.ecnupress.com.cn
电　　话　021 - 60821666　行政传真 021 - 62572105
客服电话　021 - 62865537　门市(邮购)电话 021 - 62869887
地　　址　上海市中山北路 3663 号华东师范大学校内先锋路口
网　　店　http://hdsdcbs.tmall.com

印 刷 者　常熟高专印刷有限公司
开　　本　787×1092　16 开
印　　张　11.25
字　　数　177 千字
版　　次　2021 年 9 月第 1 版
印　　次　2021 年 9 月第 1 次
书　　号　ISBN 978 - 7 - 5760 - 1828 - 8
定　　价　38.00 元

出版人　王　焰

(如发现本版图书有印订质量问题,请寄回本社客服中心调换或电话 021 - 62865537 联系)

序一

教育公平,是中国教育不曾更改的坐标,也是中国教育奋发前行的目标。党的十九大报告提出:"努力让每个孩子都能享有公平而有质量的教育",字字珠玑。"公平""质量"两个词,彰显出缩小教育鸿沟的追求,概括出我国教育的新使命。从"有学上"到"上好学",建设更高质量、更加公平、更有特色、更富活力的教育,满足人民群众对更好更公平教育的期盼,办好人民满意的教育,这是时代赋予每一个教育人的使命。如何交出一份优秀的答卷,需要每一位教育者怀着教育公平的理想愿景,用科学的态度全面谋划,用务实的力度不懈追求,在探索优质均衡之路上携手合作。

集团化办学,无疑是实现教育公平,积极回应人民群众接受高质量教育需求的重要举措。而教育均衡背景下的教师流动,一直是集团化发展中的难点。通过教师在校际间的互派流动,真正达成资源的合理配置,促进区域内的师资均衡发展,需要教育者立足教育公平,饱含对教育事业的大爱,走到一起、形成共识,解决实现优质均衡道路上的各种问题:

是否会造成优质资源的稀释,导致"削峰填谷"的局面?

如何界定"什么样的流动才是好的流动",从而促使管理者建立目标导向,科学规划流动方案?

如何在人员流动中始终保持并且不断提升和辐射学校长期积淀的优良文化,而不是造成优质学校的文化在人员流动中流失?

如何让教师主动流起来,激活其内驱力,从而达成更好的流动效果?

如何通过科学调研,甄别教师流动的实际效果与关键要素?

如何对流动的流程与实施规范进一步规划梳理,构建科学合理的管理与保障机制?

如何通过多元举措,帮助教师建立流动预期,达到人尽其才的效果?

如何从单纯输血到造血功能激活,体现流动的真正价值?

如何通过优质师资的辐射作用,帮助薄弱校"修炼内功"?

如何循证改进、创新机制,实现治理效能迭代升级？

……

上海理工大学附属小学（以下简称上理工附小）在追索、厘清、实践、提炼的过程中,不断澄清理念与思路,校准路径与方法,让每一位教育者深刻感悟到：要让教师流动的初衷得以体现,还应设计科学机制,根据实际情况与学校发展,选择合适的教师流动方式。在机制与效能的双向互动中,促进可持续发展,逐步从"量变"达到"质变"。

从上理工附小教师流动的实践探索中,我们可以看到,实践者对于"均衡"的内涵有了更丰富、更深刻的理解,对于"优质"的路径有了更明晰、更科学的选择。《集团教师的"铁"与"流"》凝结着全体集团人对教育的深情、对办学的思考。"铁打的营盘流水的兵",原意指"部队里年年都有新老交替,老兵走,新兵来,就像流水一样,唯有有形的营房和无形的部队文化是固定的",引用于人力资源管理方面,其内涵得到了进一步延伸。流水不腐,户枢不蠹。就像人体,需要不断的新陈代谢,促进各项机能的高效运作,才能充满活力、蓬勃成长。对任何一个组织而言,要确保"营盘"固若金汤,需要对价值追求"铁"一般的坚守,需要盘活人力资源,让人才"流"起来。

本书梳理了附小集团教师"铁"与"流"的互生互长、整合发展。理念引领、合理流动,从单纯输血到造血功能激活,体现流动的真正价值；通过优质师资的辐射作用,帮助薄弱校"修炼内功",实现教研氛围、梯队成长等软实力提升；同时,通过平台搭建,使流动成为教师个体专业成长的契机,达成人尽其才的效果。书中各个篇章阐述详实、理据充分,为教育均衡视角下的教师流动机制探索提供了有价值的经验。其中,第一章,透过"择校热",阐述了教育均衡的内涵及国家层面的政策依据,论证教师流动的价值取向与可行性；第二章,集团教师流动调研的设计与实施,形成了教师流动工作的相关建议；第三章为本书的核心部分,由国内外各地区教师流动机制经验出发,结合实践样例,提出教师流动机制构建的依据、原则与方法；第四章,基于第三方平台建设的前期设计,阐述了教师流动管理平台的开发与实践；第五章,收集了大量教师流动案例,归纳与提炼出不同层次流动的划分、目标及任务；第六章,记录了集团教师流动从"盘家底,摸着石头过河"到"机制构建紧密合作"的真实历程,澄清了集团办学的意义与教师流动的可行路径；第七章,论述了流动对学科建设、个人成长、学校教育质量、教育均衡化等方面的意义与作用。

谈及对于集团教师流动的感悟,丁利民理事长如是说:"作为教育者,怀着教育公平的理想愿景,放下惯性思维,站在更高境界思考办学,将你的、我的,变成我们的、国家的!"朴素平实却饱含热忱的话语,道出了优质均衡的执着追求,描摹了敢于创先的使命担当,更诠释出"铁"与"流"的真谛。

"不一样的起点,师资素养一样的精湛;不一样的学校,学生发展一样的精彩。"期待附小集团,在共探优质均衡的道路上,坚守理念、合作共赢,走得更远、走得更稳,谱写不一样的精彩!

(上海市教委原副主任、巡视员,现任中国教育学会副会长、上海教育学会会长)

序二

教育公平是社会公平正义的基石,是建设中国特色社会主义的重要内容。"公平与质量"是教育改革发展的时代主题。上海市历届市委市政府都重视基础教育均衡发展,2014年3月在全国率先整体通过义务教育区(县)内基本均衡验收后,又提出了促进基础教育优质均衡发展的目标,努力办好每一所学校、发展每一个教师、培育好每一个学生,办人民满意的教育。为此,上海市先后实施了新优质学校推进项目、学区化集团化办学项目、城乡一体化发展工程、加强百所公办初中学校建设工程等一系列举措。学区化集团化办学旨在打破校际壁垒,发挥优质教育资源的辐射带动作用,促进校际间优势互补、资源共享,形成共建、共享、共进的局面,扩大优质教育资源总量,整体提升教育质量,从而总体促进基础教育优质均衡发展。

学区化集团化办学形式上是打破校际壁垒,机制上是资源共建、共享,本质上是扩大优质教育资源。推进学区化集团化办学的途径千万条,但根本路径是要生成优质教育资源。师资是学校发展的核心资源,所以在学区化集团化办学过程中,人们自然想到了优质师资的流动办法。但师资流动往往会遇到许多问题或阻碍,如流出校会担心,会不会影响学校办学质量和办学特色? 会不会导致优质教育资源稀释? 注入校则担心,会不会是走走形式,起不到作用,反而会影响学校正常教育教学秩序? 被流动的教师则担心自己会不会水土不服,发挥不了作用,反而会影响自己的声誉,等等。

上理工附小集团在这一方面作了十多年行动研究,从最初探索不成功的反思中,抓住集团内教师流动的准备、启动、实施、评价四个环节,借助第三方建立教师流动管理平台,利用大数据为教师队伍画像,对教师专业成熟度、学校学科成熟度、教师流动均衡匹配度进行建模,逐步优化集团内教师流动的均衡匹配方案,并形成《流动手册》《流动管理条例》《流动评价》等基本制度,从而使教师流动有效地促进集团内各校学科的发展、教师的进步、质量的提升,最终提升集团内校际间的优质均衡发展。上理工附小集团的探索为其他同行提供了解决问题的有效线索,是一个值得肯定的、有价值的样例。

十年磨一剑，每步都惊心。集团理事长丁利民校长在回想起当时的抉择及与同事们一起奋斗的历程时，仍然很感触："教师是教育的根本，教师队伍是学校内涵发展的原动力，是教育质量提升的重要基础。在集团办学的过程中，我们愈发感受到，要实现优质均衡，促进集团内涵发展，关键在于人、财、物的统筹配置和机制创新。而人、财、物这三个要素中，最核心的、也是最难的是'人'。亟待解决的问题是如何通过集团治理体系的构建与优化，实现人力资源的优化配置。早在2010年，我们就率先尝试集团内的教师柔性流动，一轮轮流动推进下来，需要我们用更科学的手段，去研判实际的效果，去锁定流动的关键节点，去提炼有效举措，去构建有效机制……"为了解决教师流动中的难题，丁校长想到了科研。2018年，在两轮教师流动后，集团邀请第三方开展了教师流动调研，从位于流动第一线的教师角度出发，关注教师实际想法及经验，调研流动的成效、实施方式、影响等。在此基础上，集团成功申报了教育部重点课题《教育均衡视角下教师流动机制研究》，并将他们的研究心得写成《循证改进，优化教师流动机制》的研究报告，发表于《上海教育科研》。

今天，呈现在读者面前的《集团教师的"铁"与"流"——教育均衡视角下的教师流动机制研究》著作，更是集团十多年实践智慧与研究探索的结晶。这本书直面集团教师流动的实际问题，对国内外文献进行了充分梳理，对集团教师流动现状进行了深入剖析，详细总结了集团教师流动的机制，探索搭建了教师流动管理平台，生动呈现了各层面教师流动的典型样例，对老师流动效果也进行了科学分析，具体描绘了上理工附小集团人的探索历程，有理论有实践，有发展有创新，既有理论的深度，又有实践的鲜活，凝结了上理工附小集团人共同的汗水与智慧。虽然呈现的是上理工附小集团的案例，但在面上也极具普遍意义，值得这一领域的专家、学者、校长、教师借鉴学习。

在"十四五"期间，上海将进一步推进紧密型学区集团建设和市示范性学区集团建设，着力使学区集团在管理组织、师资交流、课程教学、教育评价和育人方式上更为紧密，强化优质教育资源的辐射带动作用，加快优质教育资源的生成，进一步提升基础教育优质均衡发展水平。期待着上理工附小集团，在"不一样的学校，一样的精彩"理念引领下，进一步探索实践，努力让每一所学校都优质，让每一个师生都出彩！为全市学区化集团化办学创造更多、更好的经验，为杨浦区初步建成高标准人民城市实践区、高能级科技创新引领区、高水平社会治理先行区、高品质生态生活融合区作出更大的贡献！

（上海市教科院普教所所长）

前言

"努力让每个孩子都能享有公平而有质量的教育。"这是党中央回应人民的诉求,给人民更好的教育的决心。缓解愈演愈烈的择校热,办好老百姓家门口的每一所学校,实现义务教育均衡优质发展,成为集团化办学的使命。

杨浦区作为上海的一个优质教育示范区,从2005年就开始实践集团化办学,旨在通过资源共享,实现义务教育均衡优质发展。上理工附小教育集团成立于2009年4月,是杨浦区从2005年起成立的第四家小学教育集团,跟前三家教育集团相比,我们的起点并不高。

上理工附小是一所成长中的大型学校,教师队伍平均年龄36岁,区级骨干教师4位,副高级教师5位。当时的集团由5所有独立法人的小学构成,尤其值得一提的是,集团中有三所薄弱学校,本地生源流失严重,当时的外来务工人员子女生源占到了50%~80%。上理工附小作为核心校,既要实现自身的成长,又要发挥核心校的示范辐射作用,这对我们而言是极大的挑战。

尽管如此,我们仍然提出"不一样的学校,一样的精彩"的集团办学理念,发挥每一所学校的优势,共享有限的资源,抱团取暖,通过"文化共识、课程共建、教学共研、师资共享"等途径,实现均衡优质的共同发展,让每一所学校都成为老百姓家门口的好学校。

2010年,我们就在两所学校之间尝试了教师流动,然而并不成功,教师在文化差异很大的两所学校之间遇到了包括心理适应和因为生源差异带来的教学困难。但是这次尝试为我们之后大规模的教师流动提供了宝贵的经验。

2016年,杨浦区教育局颁发了《关于推进教育集团内教师流动的若干意见(试行)》,全区开始了教师流动这项工作。在实施了一轮流动之后,我开始思考,这样一个花费了大量的人力物力的教师流动项目,究竟为我们带来了什么?到底有哪些收获?又有哪些问题?为了寻求答案,我们邀请第三方公司进行调研。

调研呈现了很多有意思的数据,比如,相比参与流动过的教师,未参与过的教师焦虑度更高;流动意愿与流动效果呈显著正相关;流动教师最主要的收获是"在新的学校交到朋友,分享教学经验",而教师对流动最大的顾虑是"不能适应新的环境"……

调研除了让我们找到打破教师顾虑、鼓励教师流动的办法,也让我们在如何对教师在流动中的每个阶段提供支持有了明确的方向,实现了让教师愿意流动和舒心流动的目标。

同时我们思考,流动不仅是为了完成10%的教师流动比例,更是为了实现义务教育学校之间的均衡优质。如何衡量均衡优质,如何实现集团教师的科学配置,实现每一所学校教师队伍结构的优化,是我们第二阶段的工作重点。

我们与上海思来氏信息咨询有限公司合作,开发教师流动管理平台,建立教师队伍大数据画像,充分发挥过程性评价的作用,并且通过师资队伍结构分析功能对集团或各校师资队伍结构现状进行可视化呈现,包括学科分布、年龄分布、教龄分布、职称分布、梯队分布、流动分布等情况,让集团管理层对整个集团的教师队伍情况有更直观的了解,实现集团教师的科学配置,整体提升集团的师资水平。

流动打破了教师固守一所学校的传统,当老师深情地谈到流动给自己带来的成长,当校长看见流动教师带来新的做法和改变,流动的就不只是教师,而是不同的专业理解,是对教育的反思和创新。

本书梳理了上述这几年教师流动工作的得与失,收获与思考,凝结着全体集团校长们的共同智慧。本书分为七章。

第一章和第三章,由上理工附小徐琼校长编写,透过"择校热",阐述了教育均衡的内涵及国家层面的政策依据,论证教师流动的价值取向与可行性,由国内外各地区教师流动机制经验出发,结合实践样例,提出教师流动机制构建的依据、原则与方法。

第二章,由上理工附小潘华萍老师编写,阐述集团教师流动调研的设计与实施,形成了教师流动工作的相关建议。

第四章,由思来氏公司王健林先生编写,基于第三方平台建设的前期设计,阐述了教师流动管理平台的开发与实践,解析了如何基于大数据优势,形成教师数字画像体系及相关算法模型。

第五章,由开鲁新村第二小学徐晶校长与内江路第二小学董敏校长共同完成,收集了大量教师流动案例,归纳与提炼出不同层次流动的划分、目标及任务。

第六章，由上理工附小杜青校长编写，记录了集团教师流动从"盘家底，摸着石头过河"到"机制构建紧密合作"的真实历程，澄清了集团办学的意义与教师流动的可行路径。

第七章，由水丰路小学分校沈沁校长编写，论述了流动对学科建设、个人成长、学校教育质量、教育均衡化等方面的意义与作用。

梳理流动历程，每一次突破，都有一个标志性的成果——机制。机制，固化了我们对问题解决的办法和流程，也汇聚了这项创新工作的基本经验，在每一次交流中都有同行希望我们分享具体的做法，这也是我们出版本书的一个动因。

《集团教师的"铁"与"流"》的书名，源于"铁打的营盘流水的兵"。

"铁"是指固定与坚守，办好每一所老百姓家门口的好学校是集团化办学不懈的追求和坚守，同样需要坚守的是每一所学校在长期的办学中形成的优良的办学传统和特色。

"流"是指流动与创造，在共同发展的过程中，通过教师流动，以及由此创生的机制，实现情感的交融和学校优良文化的交融，创造出更加优秀的学校文化，创造出因为追寻共同的教育理想，携手发展而成就的更好的教育。

教师流动为公平和优质的教育而来，以流动的形式为教师职业生涯注入丰富的内涵，对学生的理解，对教学的理解，对教育的理解，对学校的理解，对公平的理解……这是教师专业的应有之义，却只有在流动的变化中，才能得到升华。感恩我们亲历这一段历史，见证这美好的改变。

2021 年 3 月 10 日

目录

第一章 绪论　　1

一、教育均衡化　　1
　（一）优质教育与教育公平　　1
　（二）家长"择校热"现象　　1
　（三）优质教育资源配置失衡　　2
　（四）亟待推进教育资源配置均衡　　2

二、促进教育均衡化　　3
　（一）国家对促进教育均衡化的决心　　3
　（二）促进教育均衡化的关键　　4

三、促进教师均衡的重要举措　　4
　（一）集团化办学　　4
　（二）教师流动　　5

四、教师流动的价值取向与可行性　　6
　（一）教师身份决定教师流动价值　　6
　（二）教师队伍管理机制促成教师流动　　7

五、集团化办学中教师流动的现实困境　　7

第二章 专业调研促流动长效发展　　9

一、调研背景　　9
　　（一）集团化办学"扩容"与"深化"并举　　9
　　（二）集团教师流动"挑战"与"机遇"共存　　10
二、调研概况　　11
　　（一）调研目标　　11
　　（二）调研维度　　11
　　（三）调研实施　　13
三、调研结果与解析　　14
　　（一）流动基本概况　　14
　　（二）流动实施现状　　14
　　（三）流动如何做得更好　　17
四、流动工作建议　　33
　　（一）细化制度　　33
　　（二）人员筛选　　33
　　（三）流动准备　　34
　　（四）流动评价　　35

第三章 集团化办学中的教师流动机制　　36

一、问题的提出　　36
二、对教师流动机制的认识　　37
三、教师流动机制的范例及启示　　38

（一）管窥日、韩已有教师流动机制经验　　　　　　　　　　　38
　　（二）借鉴国内各地区教师流动机制经验　　　　　　　　　　　39
　　（三）对集团化办学中教师流动机制改进的启示　　　　　　　　40
四、对集团内教师流动机制的再思考　　　　　　　　　　　　　　41
　　（一）区域集团化办学教师流动政策依据　　　　　　　　　　　41
　　（二）集团内教师流动所需要遵循的原则　　　　　　　　　　　42
　　（三）给改进集团内教师流动机制带来的启示　　　　　　　　　43
五、集团内教师流动机制的改进　　　　　　　　　　　　　　　　44
　　（一）对照流动工作环节，梳理流动实施流程　　　　　　　　　44
　　（二）集团内教师流动机制改进的典型样例　　　　　　　　　　44

第四章　教师流动管理平台开发与实践　　　　　　　　　　48

一、管理平台的架构　　　　　　　　　　　　　　　　　　　　　48
　　（一）教师流动管理平台顶层设计　　　　　　　　　　　　　　48
　　（二）平台数据体系与算法设计　　　　　　　　　　　　　　　52
二、管理平台的功能设计与实现　　　　　　　　　　　　　　　　64
　　（一）教师发展档案模块功能　　　　　　　　　　　　　　　　64
　　（二）教师流动管理模块功能　　　　　　　　　　　　　　　　70
三、管理平台的运维　　　　　　　　　　　　　　　　　　　　　77
　　（一）平台操作培训实施　　　　　　　　　　　　　　　　　　77
　　（二）平台技术维护内容　　　　　　　　　　　　　　　　　　80

第五章　流动的不同层次与案例分析　　82

一、教师流动的不同层次及其任务　　82
    （一）教师流动层次的划分　　82
    （二）不同层次教师流动的目标及任务　　84
二、不同层次教师流动的案例与分析　　88
    （一）青年教师的流动故事　　88
    （二）成熟教师的流动故事　　93
    （三）骨干教师的流动故事　　95
    （四）特色教师的流动故事　　99
    （五）中层干部的流动故事　　103

第六章　上理工附小集团教师流动实录　　110

一、流动初探索：盘家底，摸着石头过河　　110
    （一）盘家底，我们抱团取暖　　110
    （二）前路难，文化碰撞下的"水土不服"　　111
    （三）读懂这个共同体，一个理事长的自问　　113
二、从工作思路到研究思路：循证改进　　117
    （一）立题与破题："好的"教师流动是怎样的？　　117
    （二）从经验判断走向科学论证：基于真实数据的策略改进　　119
三、木桶理论的启示：靶向帮扶，托起薄弱校的明天　　129
    （一）迈向均衡：打破心中藩篱　　130
    （二）靶向流动：攻坚质量短板　　132

四、一群人走得更远：机制构建促紧密合作　　138
　　（一）1+1＞2,激活课程共建内生动力　　138
　　（二）精准支持,理念引领下的课程规划　　142

第七章　教师流动的成效与评价　　145

一、教师流动对优化学校学科建设的作用　　145
　　（一）学科建设方向的特色形成　　145
　　（二）学科教学研究的动态成长　　146
　　（三）学生学科学习的不断提升　　147
二、教师流动对教师个人成长的作用　　149
　　（一）师德素养的培养　　149
　　（二）专业能力的提升　　151
　　（三）教学科研的学习　　153
三、教师流动对提升学校教育质量的作用　　154
　　（一）师生关系的融洽　　154
　　（二）课堂教学的优化　　155
四、教师流动对教育均衡化的作用　　156
　　（一）形成集团办学的凝聚力　　156
　　（二）减少区域间办学的差异　　157
　　（三）促进学生教育权利的公平　　157

第一章 绪论

一、教育均衡化

（一）优质教育与教育公平

办义务教育学校为的什么？教育是促进人全面发展的根本途径，是民族振兴、社会进步的基石。国运兴衰系教育，教育对一个国家、一个民族雄踞世界之林的意义不言而喻。接受义务教育是公民的权利，也是公民的义务，充分体现了以教育为本的国家大计。为实现从人口大国向人力资源大国的转变，整体提升国民素养，有效促进国力发展，我们国家于1986年以《义务教育法》的形式规定了每一位适龄儿童都必须接受九年义务教育，全面实施城乡免费义务教育。

如果说过去办义务教育学校是为了"使人受教育"，那随着社会经济的飞速发展和时代的进步，人们对教育的需求早已超越了"受教育"而升格为"受好的教育"。让孩子受教育并受到良好的教育，是每个家庭的共同愿望，寄托着亿万家庭对美好生活的强烈期盼。如何满足人们日益增长的获得优质教育的需求，进一步实现教育公平，就成为摆在义务教育面前的一项重大任务。

（二）家长"择校热"现象

从一定程度上可以说，世界上没有哪个国家的家长像中国的家长这样强烈渴望让孩子接受"优质教育"。很多时候，我们会看到：当一个新学期开学或寒暑假到来时，家长们都争相替自己的孩子在培训机构报名参加特长班、提高班，更有甚者同时报三四种不同的班，孩子一天中要"转战多地"。学校曾针对本校五年级家长送孩子参加课外培训班的情况做过一次问卷调查，数据显示：近82%的学生在

"双休日"至少参加1门机构培训。培训机构还有针对低龄儿童的相关培训,像针对幼儿园大班孩子的"面试班""拼音班""思维训练班"等,花样繁多。一个孩子参加一个培训班的费用少则几百元,多则上千元,所需费用已然成为家庭的一项较大支出。可大家为什么还是如此趋之若鹜?其目的就是为"幼升小"或"小升初"的"择校"做准备。大家都希望把自己的孩子送进"名校",在很长一段时间里,"考民办""考特色班"这股"择校"风波澜壮阔。

(三) 优质教育资源配置失衡

常态来说,"幼升小""小升初"都是被纳入义务教育阶段的适龄儿童要经历的顺理成章的事,可升学为什么会让家长们如此惶恐不安呢?追根溯源,"择校热"现象实质上反映了优质教育资源配置不均衡这一根本问题。

一方面,受历史积淀、地区经济发展、教育投入、师资队伍建设等各种各样的因素影响,城乡之间、地区之间、学校之间、不同的群体之间获得的教育资源,以及形成的教育质量会出现巨大的差异。某一时段里,在教育投入不足,工业化飞速发展导致人才短缺的情况下,为了快速导出人才,我国还实行过重点学校制度,在教育经费、生源、师资等方面向重点学校倾斜,更拉大了学校之间的差距。再加上"名校"就这么多,能进"名校"的比例就这么多,面对"僧多粥少"的现实压力,"掐尖""抢跑"等层出不穷的现象推波助澜,更导致了强校更强,弱校越弱的局面。

每个人都身不由己地被裹挟其中。是进师资力量雄厚的"名校",还是进被认为薄弱的"菜校"?大部分家长会毫不犹豫地选择"名校",会为孩子"拼了命"地去抢占其中的"一席之地"。因为大家都只有一个孩子,都无法接受眼前可见的不公平,及其带来的鲜明心理落差和实际差距。没有人愿意让自己的孩子"输在起跑线上",大家都一心为孩子不惜成本地去"抢"那碗为数不多的"热粥"。"择校"愈演愈烈,又加剧了教育资源配置的不均衡……在这样的"马太效应"下,人们日益增长的对获得"好的教育"的强烈需求,对获得幸福、美好生活的强烈愿望就无法得到满足,大家普遍深感不同地区、不同学校的优质教育资源完全不同,唯恐被不公平,由此引发了社会的广泛性焦虑。

(四) 亟待推进教育资源配置均衡

长时间居高不下的"择校热",家长深深焦虑"上不了好的幼儿园,就上不了好的小学;上不了好的小学,就上不了好的中学;上不了好的中学,就考不上好的大学"。因焦虑而产生的情绪和行为的"扭曲""失控",让孩子们身不由己地被"内卷"其中。在巨大的压力下,亲子关系恶化、青少年心理健康等问题层出不穷,基础教育现状堪忧。

"不均衡",动摇人们对教育本身的信任;"不均衡",动摇人们对社会公平性的信心;"不均衡"更影响着一代青少年的健康成长成才,从而影响国家、民族未来的发展。我国义务教育面临巨大的、严峻的现实拷问。因此,亟待也必须从根本上找到解决的方法,让教育资源配置走向均衡发展的良性循环。

二、促进教育均衡化

(一) 国家对促进教育均衡化的决心

为从根本上解决教育资源不均衡的问题,促进教育公平,根据党的十七大关于"优先发展教育,建设人力资源强国"的战略部署,党中央、国务院于2010年印发了《国家中长期教育改革和发展规划纲要(2010—2020年)》(以下简称《教育规划纲要》),召开了全国教育工作会议,明确提出"优先发展、育人为本、改革创新、促进公平、提高质量"的工作方针。以促进公平为重点,《教育规划纲要》以"教育公平是社会公平的重要基础。教育公平的关键是机会公平,基本要求是保障公民依法享有受教育的权利,重点是促进义务教育均衡发展和扶持困难群体,根本措施是合理配置教育资源,向农村地区、边远穷困地区和民族地区倾斜,加快缩小教育差距"为指导思想,确立了义务教育阶段的发展任务,"推进义务教育均衡发展,切实缩小校际差距,着力解决择校问题。加快薄弱学校改造,着力提高师资水平。实行县(区)域内教师、校长流动制度。"其中"义务教育均衡发展改革试点"被列为《教育规划纲要》的10个重大项目之一。

之后,党的十八大报告将教育放在改善民生和加强社会建设之首,明确提出了均衡发展九年义务教育,合理配置教育资源,大力促进教育公平等下一阶段教育事业科学发展的战略性目标和任务。习近平总书记在党的第十九次全国代表大会的报告中进一步指出:"努力让每个孩子都能享有公平而有质量的教育"。

足见国家在解决"能上学、上好学"问题、实现教育公平上的决心,更体现了促进教育均衡化是我国现阶段基础教育发展的理想追求。

(二) 促进教育均衡化的关键

那如何实现教育均衡发展,完成义务教育改革和发展这一战略性任务呢? 前教育部部长袁贵仁在全国推进义务教育均衡发展经验交流会上曾指出:"义务教育均衡发展的关键是学校均衡,学校均衡的关键是教师均衡。"

的确,"名校"之所以深受广大家长和学生的青睐,极大程度上是因为其拥有一支高水平的教师队伍。师资队伍优质的学校教育质量更高、更有保障,这一点已被社会广泛认同。如果一所学校的"好老师"多,好的教育资源就在家门口、在身边,家长还怎么会舍近求远,费时费力地去"择校",以寻求好的教师资源呢? 可见,作为学校教育的第一资源,没有好的师资,很难获得家长及社会的认可,也更不可能实现义务教育的均衡发展。

因此,推进教师均衡是实现基础教育资源均衡配置的关键。

三、促进教师均衡的重要举措

(一) 集团化办学

2012年国务院首次通过《关于深入推进义务教育均衡发展的意见》,要求"扩大优质教育资源覆盖面。发挥优质学校的辐射带动作用,鼓励建立学校联盟,探索集团化办学,提倡对口帮扶,实施学区化管理,整体提升学校办学水平。"随着政策的出台,部分经济发展基础较好的地区(如北京、上海、杭州等)逐步开始探索集团化办学、学区化办学等模式。

"上海于2014年开始在徐汇、杨浦、闸北、金山4区开展集团化办学的试点工作。从最早的七宝集团、福山外国语小学集团到杨浦区四大集团的发展路径,形成了三大运行机制和三大办学模式。"对于集团化办学,上海市教委会将其定义为"在同一地区或地域形成的学校联合体"。[①] 在"面向未来的教育现代化"线上教育展中,上海市教委基教处处长倪闽景这样表述:"集团化办学是指在一个核心机构或品牌名校的牵头组织下,依据共同的办学理念和章程,组建学校共同体,在学校规划、日常管理、课程建设、教师发展与设施使用等方面实现共享、互通、合作、共

[①] 上海市教委会. 什么是集团化办学? [EB/OL]. [2017 - 3 - 16].

生,进而实现共同体内优质教育资源品牌的辐射推广与合成再造。目前有两种形式:一种是同一区域内学校之间的校际联合,另一种是跨地区的学校之间的联合。集团化办学的特点是通过集团形式推进优质教育资源发挥辐射作用,有利于各成员学校教育水平的提升,同时加强集团内的校际沟通,拓宽学校的教育视野,促进学校的优势互补。"①

"集团化办学的本质是通过多样化的办学手段,把一定区域范围内的独立学校聚集成集团学校的动态过程。区别于仅是形式上的学校组织,集团化办学则更加重视构建集团内各学校之间的关系聚合,通过集团内的教师流动、课程配送和文化创新等方式形成向心力。"②

(二) 教师流动

教师流动,是指义务教育阶段在职教师在教育系统内部校际之间的交流。"在国家义务教育教师均衡配置政策的总体思想指导下,各地区因地制宜,推动国家政策落地和学校教师队伍均衡发展,探索形成了富有区域特点的多样的教师流动模式:1. 优秀教师的支教模式。城镇学校选派本校的优质教师去农村学校或薄弱学校……,充分发挥城镇学校优质教师在受援学校的专业辐射带领作用。2. 全体教师轮岗模式。如辽宁省沈阳市教育局2003年就规定,凡是教龄满6年的教师在2013年前后都要完成一次校际流动,教师每隔三年交流一次,校长每隔3到6年交流一次,并且'人走关系走'。这种区域内教师全员轮岗的模式,既有如辽宁省沈阳市的'人走关系走'的刚性流动,也有如浙江省嘉善县的'人走关系留'的柔性流动。3. 县管校用模式。如成都市2007年在其管辖的四个区县率先开启'县管校用'的教师管理体制改革,打破教师的一校所有制。'县管校用',教师的人事关系和工作身份,全部由教育主管部门统一管理,并由教育主管部门派教师到学校任教。4. 逆向流动的'转会'模式。这是借用职业球队明星队员流动的'转会'惯例,在优秀教师本人申请的前提条件下,要求城镇学校给予农村学校或薄弱学校一定额度的经济补偿作为转出学校付出的教师培养费用,并由当地教育人才服务中心收转。如上海市松江区教育局早在2003年就规定,城镇学校从农村学校或

---

① 上海市学区化集团化办学地图[J]. 上海教育,2020(30):22—23.
② 王雨田. 义务教育均衡发展视域下区域内集团化办学的实践研究[D]. 上海:华东师范大学,2020:5—20.

薄弱学校调入一名高级教师或中级教师,需要给调出学校分别3万元或2万元不等的补偿。"①

均衡化是我国教育发展的基本目标,师资均衡是实现这一目标的关键性要素。近年来,为促进教师的均衡化配置,各地在区(县)学区化、集团化办学中对教师流动也做了积极的探索:"不少地区力图通过采取集团化办学的思路,完成教育均衡发展的攻坚战。在这种思路下,一个教育集团或学区就是一个教育共同体,每一所学校都是所在教育集团或学区的成员之一。"作为命运共同体,需要每一所学校的每一位教师协同支持,促进集团或学区的共同发展。正是这样,每一所学校和集团或学区的利益就紧紧捆绑在了一起,集团或学区就可以统筹所有成员校的教师资源,以集约的方式促进集团或学区的整体发展。"②如上海市杨浦区集团化办学中融合一体的捆绑模式。这一集团化办学中的教师流动,指的是教育系统内在职教师在集团内学校之间的调整交流任教。一般采用柔性流动,在集团内的同级同类学校间交流,其人事档案和工资福利,仍在交流前的学校,在规定的年限后仍返回原来的学校,有奖励性和补偿措施。同时,"为了减轻学区集团内优质教师流动给流出学校带来的教育教学压力,上海市部分区还探索建立了有教师机动编制支撑的'教师蓄水池'制度,如徐汇区教育局给每个学区配置1—6个机动编制,放在学区牵头校集中管理,满足学区内成员学校教师的柔性流动。"③

集团化办学中的教师柔性流动,打破了教师身份的学校所有制,从学校单位人转变成为教育系统人,从而一起齐心协力创造优质的义务教育学校。

四、教师流动的价值取向与可行性

(一)教师身份决定教师流动价值

为何教师流动有助于促进教育均衡化? 首先,这是由教师身份的"公职性"特征决定的。2018年颁布的《中共中央国务院关于全面深化新时代教师队伍建设改革的意见》,明确将中小学教师身份规定为国家公职人员。"明确教师的特别重要

---

① 胡庆芳. 义务教育均衡发展视野下教师流动概况解析[J]. 基础教育课程,2020(20):65—67.
② 胡庆芳. 义务教育均衡发展视野下教师流动概况解析[J]. 基础教育课程,2020(20):67.
③ 胡庆芳. 义务教育均衡发展视野下教师流动概况解析[J]. 基础教育课程,2020(20):67.

地位。突显教师职业的公共属性,强化教师承担的国家使命和公共教育服务的职责,确立公办中小学教师作为国家公职人员特殊的法律地位,明确中小学教师的权利和义务,强化保障和管理。"[1]作为国家公职人员,中小学教师的工作在很大程度上体现着国家公共事务的性质和责任,教师有义务落实国家教育方针、政策,承担起实施义务教育的重任。

(二) 教师队伍管理机制促成教师流动

"从应对现实教育问题来看,将教师的法律身份,界定为国家工作人员,有利于保护教师权利,促进教师管理。同样,将教师确定为国家工作人员,也利于教师队伍的区域管理,有助于推进实行地区教师交流轮岗制度。"[2]依据《教师法》,现行的教师队伍管理推行的是聘任制,它是相对委任制而言的一种管理制度,它体现的是一种公务"契约"关系,有利于教师队伍的区域管理,实现教师交流轮岗制度。可见,当前的教师队伍管理机制,也充分保障了教师流动的可行性。

五、集团化办学中教师流动的现实困境

教师流动作为一种促进师资均衡的有效措施,在当前的集团化办学中一直在实施。这在一定程度上改变了以往教师队伍的封闭式管理,其初衷是盘活教育资源,促进教育资源的合理分配。但流动中涌现和存在的问题也不少,效果并不尽如人意。主要表现为:

其一,教育环境的改变,教师的心理调适问题凸显。流动带来了教师工作环境的突发改变。每一所学校都有自己的文化特征,教师面对新的文化,如果差异很大,容易引发教师价值观念的碰撞。教师在陌生的环境中,心理上也容易产生孤立感,如何融入或适应新的学校文化,就成为了流动教师需要跨越的第一道障碍。如果很难适应,或者长时间格格不入,则会引发教师的心理问题,甚至影响教师的职业信心。

其二,教育对象的改变,教师的专业能力受到挑战。尤其是生源的显著差异,

---

[1] 教育部. 中共中央国务院关于全面深化新时代教师队伍建设改革的意见[EB/OL]. (2018-1-20)[2018-1-31]https://www.gov.cn/zhengce/2018-01/31/content_5262659.html.
[2] 张军,刘梦婷. 教师法律身份的类型观及其界定依据[J]. 教师教育研究,2020(4):47—48.

会给流动教师带来不小的冲击。核心校的教师流动到薄弱校,忽然发现自己以往得心应手的教学方法似乎变得无效了,怎么"教"成了问题;薄弱校的教师流动到核心校,猛然觉得学生好,家长的要求也不低,不免对自身的专业能力感到有些慌张。

其三,教师主动流动的意愿并不高。有因惯性"不想动"的,尤其是成熟教师有"故土难离"的常见心理;也有担心因为流动被"边缘化"的,担忧耽误自身的专业发展。

其四,校长派遣教师流动的意愿也不高。各学校为保护学校利益,很难做出决定让优质教师"外流",这在一定程度上也影响流动教师队伍质量。

其五,对流动教师的工作绩效评价不到位。如何有效评价教师在流动中的工作实绩,既不挫伤教师的积极性,又要避免让流动教师处于"两不管"的状态等等,都是流动亟待解决的现实困境。

那么,如何推进教师流动制度,促进教师流动的制度化、常态化,解决在流动中常常面临的种种问题,突破譬如教师个体交流意愿低、对环境难以适应以及配套措施跟进迟缓等重重阻力,本书将结合集团教师流动工作,向大家详细呈现我们的实践与思考。

第二章
专业调研促流动长效发展

一、调研背景

（一）集团化办学"扩容"与"深化"并举

2005年教育部颁布了《关于进一步推进义务教育均衡发展的若干意见》，明确指出要将推进义务教育均衡发展"作为实现'两基'之后义务教育发展的一项重要任务"。上海市在2015年11月出台了《上海市教育委员会关于促进优质均衡发展、推进学区化集团化办学的实施意见》，促进优质均衡发展，推进学区化集团化办学，是上海深化基础教育领域综合改革，积极回应人民群众接受高质量教育需求的重要举措。实施集团化办学是上海市落实中央十八届三中、四中全会精神，深化教育领域综合改革，促进基础教育优势均衡发展的重要举措，旨在办好老百姓家门口的学校，为每个适龄儿童提供公平的公共教育服务。

杨浦区作为上海市集团化办学政策推动下的第一批试点，其带头作用与先发优势不可忽视。2009年，杨浦区教育局颁布了《关于进一步深化小学教育集团发展的实施意见》（杨教〔2009〕193号）。《实施意见》提出，要进一步完善小学教育集团理事会管理机制、集团内教师流动机制、集团各项激励机制，设立集团专项工作经费与奖励经费，为小学教育集团进一步深化发展提供政策保障。对于杨浦区来说，集团化办学不仅要以"扩容"为目标，更重要的是与"深化"并举，将杨浦区集团化办学新优质集群发展的办学成果加以辐射，探索出一条以集团化办学促进基础教育优质均衡发展的道路。

（二）集团教师流动"挑战"与"机遇"共存

教师流动作为各级教育行政部门推进教师资源均衡配置的重要举措,一直是集团化发展中的难点。教师的合理流动,打破了教师终生固守一校的陈旧格局,不仅为教师队伍不断输入新鲜血液,有利于促进教师的专业发展,也有利于促进集团内师资的均衡分布和整体教育质量的提升,有利于教育公平的实现。然而,教师是教育的根本,为什么流动,怎样流动,流动以后怎么办,如果这些关键问题解决不好,教师流动不但不能收到应有的效果,还会影响整个教育的发展。

在教师流动中,每所学校的文化氛围、管理理念、教学模式、学生水平都不同,教学团队也发生了变化,教师到了全新的环境中,很难在短时间内适应新的学校。因此,应该认识到教师流动是一项长期政策,其效果的产生也取决于一定时间的积累。流动只是开端,要确保教师流动长效发展,还应设计科学的跟进管理方法,扎实推进流动教师后续管理工作,建立与教师流动配套的动态跟踪管理机制等,形成区域支持集团化办学的配套机制,重点指向集团师资柔性流动,并在运转的过程中不断调整与完善,不断根据实际情况与学校发展,探索合适的教师流动方式。

学区集团化管理下的教师合理有序地定期互派流动,有利于教育资源的合理配置,有利于区域内校际师资的均衡发展,也能够促进基础教育的均衡发展。但就目前义务教育阶段教师流动的实施情况看,仍然存在不容忽视的问题。

一是目标偏差。不考虑教师生长的土壤,打乱教师队伍原有的结构,全体起立,重新洗牌,平均分配。这种削峰填谷式的做法,是把先进的拉下来等后进的一起走,得到的只是师资配备的表面均衡,失去的将是师资质量的整体提升。

二是操作简单。一些地方的教师流动,缺少周密的实施计划,不考虑学校的实际,不考虑教师的需求,一刀切,齐步走,机械操作,通过电脑派位甚至通过抓阄来决定老师的去留,使得一些学校多年形成的学校文化、优良传统以及教师的团队精神,逐渐淡化。

三是缺少保障。许多地区教师流动都是一流了之,没有跟进的相关管理措施和保障机制。由此导致被流动的教师普遍存在后顾之忧,不能安心于流动学校的工作,有"临时工"思想。一些学校也存在没有很好落实各项政策,甚至扭曲执行各项政策的现象,使得流动教师的一些合法权益、有序生活受到影响。

2016年6月,杨浦区教育局发布了《关于推进教育集团内教师流动的若干意见(试行)》。上理工附小集团积极响应政策要求,率先开始了教师流动。2016、2017年,全面启动集团教师柔性流动,集团内六所学校全部参与。两轮共流动教师47名,达区教育局规定的8%,其中,骨干教师比例远远超出不低于15%的规定(2016年骨干比例32%、2017年骨干比例18%)。教师流动一般为两人一组,每月教师流动团队会组织座谈会,并且参与流动的教师会在职称评定中优先考虑。两批流动教师都是通过校长直接商量决定,虽然2017年开始先对教师情况做分析再进行选择,但教师流动仍未形成科学的制度,仍需进一步探索。

二、调研概况

(一) 调研目标

了解集团的教师流动实施的方式、成效及教师对流动的实际想法,探索影响教师流动的因素,从而为下一阶段实施教师流动提供可行的调整建议。

(二) 调研维度

调研分为三大块,分别为流动机制、教师情况与流动成效。其中,流动机制与教师情况为自变量,流动成效为因变量。流动机制和教师情况影响流动成效,流动成效反过来能够作为调整流动机制的依据。三者关系如图2-1所示:

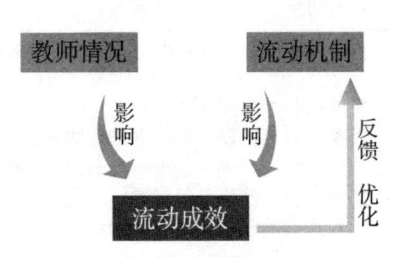

图2-1 项目思路

在本次项目的调研部分,依据市、区集团化推进要求与本集团的特色,根据调研项目思路,拟定以下三大块调研内容(如图2-2):

01	02	03
流动机制	流动教师	流动成效
·流动对象	·教师能力	·教师自身
·流动形式	·教师性格	·流入校
·流动时间		·流出校
·流动反馈		·学生
·流动评价		·家长
·流动激励		

图 2-2 调研维度与内容

(注：以上维度均将从现状和期望两个角度详细调研与分析)

表 2-1 问卷调研维度具体说明

一级维度	二级维度	详 细 说 明
流动机制	流动对象	什么样的教师需要流动；什么样的教师可以流动；依据哪些标准设立筛选机制；哪些教师希望进行流动；
	流动形式	普通教师跟教学习、骨干教师带教等；参加哪些活动（基础教学、带班工作、教研活动等）；教师希望设立哪些活动；
	流动时间	教师流动时间及周期；教师期望的流动时间；
	流动反馈	交流反馈机制（是否会定期介绍经验、定期组织大会等）；
	流动评价	现有机制如何评价流动成效；
	流动激励	现有激励制度有哪些奖励；教师期待哪些激励；
流动教师	教师能力	集团内各类教师能力如何； 教师希望从流动中获得并锻炼哪些能力；
	教师性格	集团内教师性格是怎样的； 哪种性格的教师更适合流动；
流动成效	教师自身	对教师自身产生了哪些影响；教师是否从流动中有所收获；
	流入校	对流入校产生了哪些影响；
	流出校	对流出校产生了哪些影响；
	学生	对各学校各年级学生产生了哪些影响；
	家长	对学生家长产生了哪些影响；

(三) 调研实施

1. 问卷调查

2017年11月,在上理工附小集团六所学校(上理工附属小学、水丰路小学、水丰路小学分校、长白二村小学分校、国和小学、内江路第二小学①)面向全体教师进行问卷调研。调查共发放350份教师问卷,最终回收342份,回收率98%;有效数为334份,有效率为95%。各校具体回收情况如表2-2所示:

表2-2 各校问卷回收情况一览

学校	总数	回收数	有效数	回收率	有效率
国和小学	46	46	45	100%	98%
内二小学	47	47	47	100%	100%
上理工附小	114	110	107	96%	94%
水丰路小学	62	59	59	95%	95%
水丰分校	46	45	42	98%	91%
长二分校	35	35	34	100%	97%
总计	350	342	334	98%	95%

2. 深入访谈

在问卷调研前后,为了深入了解教师流动工作开展情况及教师在流动实施过程中的感受,针对流动教师、与流动教师相关的涉及教师以及各校中高层开展了深入访谈。其中流动教师34人,涉及教师12人,学校中高层12人,共58人接受了访谈。

3. 数据处理

为确保此次调研的科学性、有效性,首先对原始回收的问卷判断信息是否完整,是否存在填写中断或非正式填写的情况,检查密码是否重复,避免同一个密码重复填写;再排除答题时间和IP地址异常的问卷,从而获得可以处理的最终问卷。

---

① 下文简称为上理工附小、水丰路小学、水丰分校、长二分校、国和小学、内二小学。

最终结果由对问卷及访谈两种方式的结果进行综合分析获得。

三、调研结果与解析

(一) 流动基本概况

2016年至2017年期间,共开展两轮集团内34名教师流动;其中,2016学年,有16名教师进行了柔性流动;2017学年,有18名教师进行了柔性流动。

从流动网络图(如图2-3)可以发现,上理工附小流出教师最多,且与其他五所学校都建立过两两流动关系。

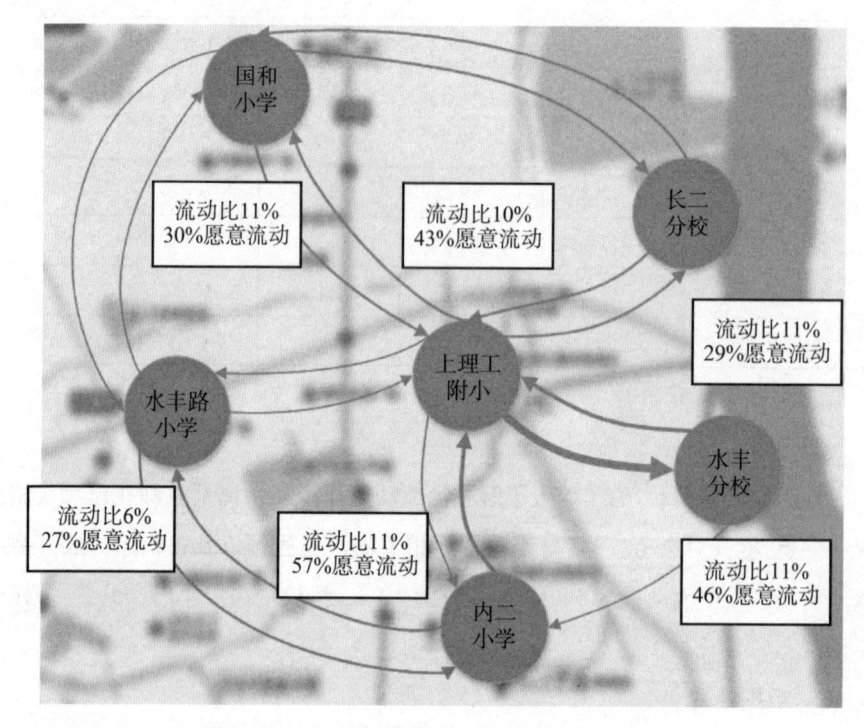

图2-3 上理工附小集团教师流动网络图

(二) 流动实施现状

1. 流动意愿

如图2-4所示,集团内41%的教师直接表达了"愿意流动"的想法;另外,

58%的教师流动意愿相对较低,其中26%的教师表示"不愿意流动"。

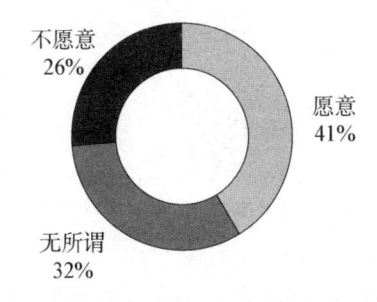

图 2-4　集团内教师流动意愿占比

而集团各校中,内二小学、水丰分校都有50%及以上的教师表示了"愿意"的态度,这些学校"不愿意"的教师占比也相对较少;国和小学、长二分校、水丰路小学愿意流动教师的比例比较低,并分别有40%、35%及46%的教师表明了"不愿意流动"的态度。

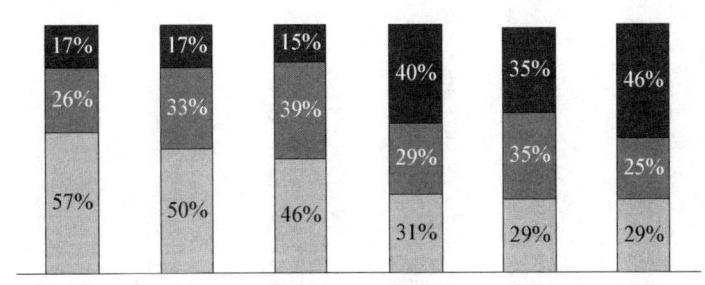

图 2-5　各校教师的流动意愿占比

2. 流动成效

如图2-6所示,超过六成(65%)的教师认为,现在的流动对于教师个体(流动教师及非流动教师)都产生了较好的成效;同时,有69%的教师认为,教师流动对学校产生了积极影响。可见,近两年的流动对教师个体及学校整体都产生了一定的成效。

如图2-7所示,集团内各校中内二小学、水丰分校、国和小学均有80%的流动教师认为对个人有较大的积极影响;水丰路小学只有1位(33%)流动教师认为

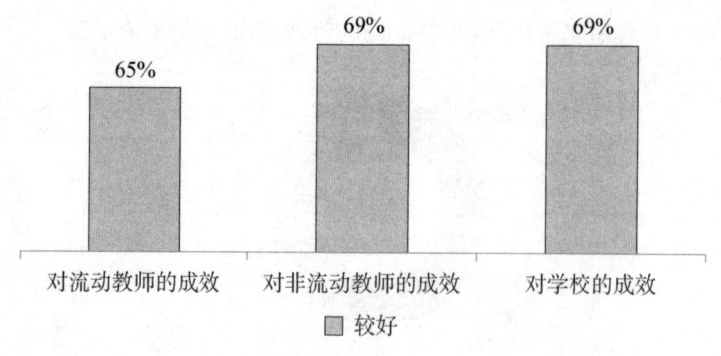

图 2-6 集团教师流动对不同对象的成效

对个人的专业发展是有作用的。根据访谈结果,我们发现水丰路小学共有 4 名流动教师,1 名未填问卷,其余 2 位教师认为"教师工作量变大、教授年级不习惯、教学能力收获较少"。

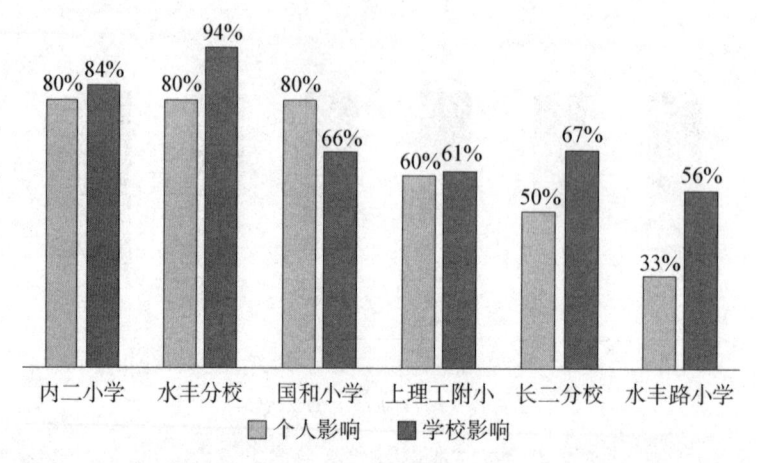

图 2-7 各校认为对个人有收获和对学校有积极影响的教师占比

另外,94%的水丰分校教师、84%的内二小学教师都认可了流动对学校的积极影响,其余各校中认为对学校有作用的教师相对较少。

综合访谈的结果,有部分**涉及**教师认为:

"教师参与本年级的活动,本身的辐射不是特别强,能积极参与到本校活动。"
"主要还是学生受益较多,但老师回去之后影响就消失了。"

中高层管理教师表示:

"大家是认可的,主要是工作态度很认真,但延续性比较少。"

"一般的教师可能造成一些负面的影响,教育教学质量方面有所下降,拉低全年级水平,需要回来的教师再花力气提上去。"

6 位(共 13 位)高层教师在访谈中认为流动对流入/出学校所产生的影响较小或没有延续性。

可见,虽然现阶段流动的成效已有凸显,但仍然存在一定的问题,需要进一步的探索,找到问题的源头。

(三) 流动如何做得更好

1. 找到影响流动意愿的主要因素

(1) 教师顾虑

如图 2-8 所示,集团内教师不愿意流动的主要原因有:不能适应新环境、会给我带来压力及离家远,分别有 49%、44%、38% 不愿意流动的教师选择了这些理由。

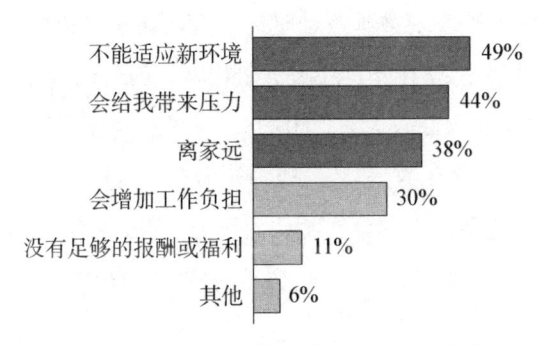

原因	比例
不能适应新环境	49%
会给我带来压力	44%
离家远	38%
会增加工作负担	30%
没有足够的报酬或福利	11%
其他	6%

图 2-8 教师不愿意流动的主要原因

同时,进一步分析数据发现,在这些教师中,有 67% 的长二分校教师表示"担心不能适应新环境",56% 的水丰路小学教师认为"流动会给我带来压力",72% 的国和小学教师认为"流动的学校离家太远",所以不愿意流动。

可见,环境适应、流动压力及客观距离是影响教师流动意愿的主要因素。

● **适应新环境**

不愿意流动的教师中有 49% 的教师"担心不能适应新环境"。在访谈中,也有 59% 的流动教师提及了"需要适应环境",存在对流动后新环境的担忧。对新环境

的适应主要集中在对文化与制度的适应。部分流动教师提到:

"流入学校规则和原学校存在不少差异,对流动老师没有规范的机制,没有调休单,请假调休时比较为难。一开始不知道,会有不适应。"

"不同学校的文化差异、教师教育理念差异导致的教研工作方式不适应流动教师的期待。学校的布置不明确,刚来就不清楚,可能也没问到点上。需要适应新学校的制度。"

但同时,这些教师也表示与流入校教师积极沟通、了解流入校,会加快他们对环境的适应。例如下面这位教师提到:

"暑假提前去报到,家访班级学生,了解学校规章制度,开学时做好充分准备。"

因此,需要加强流动前的沟通交流,做好交接工作和流动准备,以及关注教师流动时交流的情况,缓解教师因环境引起的焦虑。

- **流动压力**

根据访谈结果,我们发现教师流动时的压力往往来自担任职务变多、教学工作量变大、担心学业质量、学生不同不好教等因素。问卷调查显示有44%不愿意流动的教师担心流动压力会较大。但由图2-9可知,实际上流动过的教师中有28%的教师认为没有什么压力,31%的教师认为有一点压力,只有13%的教师认为压力较大。可见,流动时大部分教师认为压力一般,并不会产生过多困扰。甚至有些教师认为,有压力是常态,对自己也是一种发展的动力。

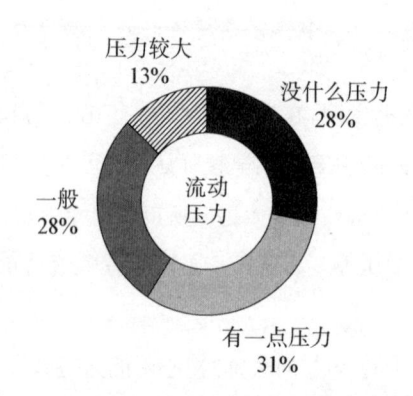

图2-9 流动教师对流动时的压力感知

对于那些担心"压力较大"的教师，我们可以通过已流动教师"现身说法"，为教师做好心理建设，把适当的压力当作发展动力；流动时多关注个别教师的心理状态，避免压力过大。

- **离家远**

不愿意流动的教师中有38%认为其他学校离家太远，不愿意流动。由图2-10可知，六所学校中，国和小学与其他学校的客观距离较远，造成了部分教师对流动存有顾虑。

图2-10 集团内六所学校分布地图

但在访谈中，我们也发现了对客观距离的主观感受是可以通过一定的措施进行弥补的。

"上下班比较远，会造成一定的压力，但学校领导还是很照顾的，允许晚到一点。"（国和小学流动教师）

根据学校的实际情况及教师意愿，考虑距离的客观性，优化教师流动方案，或考虑在安排上做适当的支持。

(2) 教师性格

如图2-11所示，将教师性格与流动成效、流动意愿进行相关分析。我们发

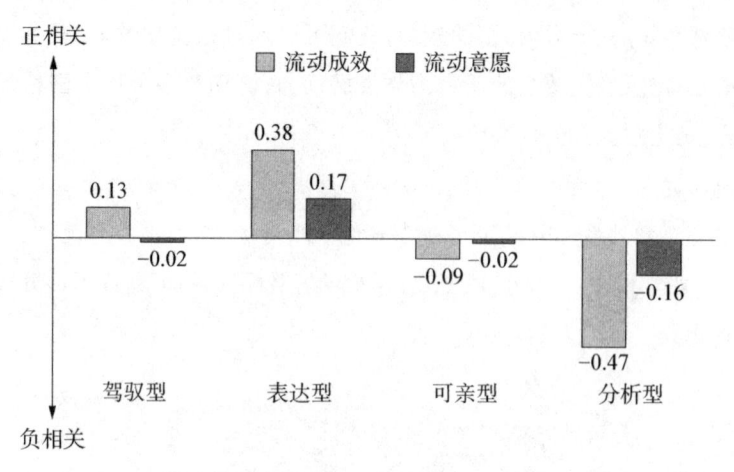

图 2-11 教师性格特质与流动成效、流动意愿的相关性①

现,教师的流动成效、流动意愿和**表达型人格**显著正相关,与**分析型人格**显著负相关。即善于表现、热情、健谈乐观的人更愿意流动,收获的流动效果也更好;而分析型人格的教师较为敏感、追求完美,对流动的态度较为负面,获得较少。进一步从教师人格分类来看,表达高分析低的教师流动意愿高,感知成效好;表达低分析高的教师流动意愿较低,流动成效感知较差。

因此,可以先从容易适应的教师即表达高分析低(占全体教师的24%)的教师进行流出,表达低分析高教师(占全体教师的39%)先接受其他教师流动,通过观察了解,逐步接受流动。

(3)教师需求

访谈中,75%认为流动"无所谓"的教师提到:流动要考虑带班的情况、期望可以选择学校。例如:

"流动要看时间和机会,带4~5年级,毕业之后流动也可以。"

"要看当时个人和学校的情况,希望第二次有选择学校的权利。"

带班状况是"无所谓"教师自身考虑的主要因素,教师期望流动能够满足学校

---

① 驾驭型:实际的、意志坚定者、推动者、具有领导才能、规划者;
表达型:善于表现、热情、健谈、乐观、开放、社交、领导才能;
可亲型:随和、冷静、耐心、可靠、保守、幽默、倾听者、斡旋者、领导才能;
分析型:敏感、多才多艺、有理想、擅音乐、忠心、计划、有美感、追求完美。

和自身的双重需求。

另一方面,有部分教师认为:

"流动是校长指定的,因此服从领导安排是应该的。但如果事先告知会好一些,现在比较突然,从情感上接受就会比较慢。主要要看怎么样的流动,原来是教低年段,现在教高年段;作为校方,要让流动老师了解对方学校的情况这样会更容易接受。"

"通知突然"容易让教师没有做好准备,流动的安排不能满足教师的需求,使得教师流动时产生心理的抵触。

"一开始有排斥心理,但来了之后,同事亲切让人放松,团队、氛围都很融洽,帮助我多方面剖析、磨课,能力有了很大提升。发现自己也可以教好的学生,有信心改变、提高自己,适应学生需求。"

也有一些教师虽然在一开始对流动有所抗拒或"无所谓",但他们在学校的支持下,在流动中逐渐满足了自身的成长需求,有所收获,变得更愿意参与流动。

因此,部分无所谓的教师会在"愿意"与"不愿意"之间摇摆,最终意愿取决于集团和学校的引导:树立典型优秀案例,通过宣传,引导"无所谓"变成"愿意";流动前以教师需求为抓手,充分做好沟通和流动安排工作。例如,选择毕业班或低年级的带班教师、明确学校和个人需求等。

(4) 教师教龄

如图 2-12 所示,0—5 年教龄与 20—25 年教龄的教师流动意愿相对较高,分别有 64.04% 及 49.38% 的教师愿意流动。

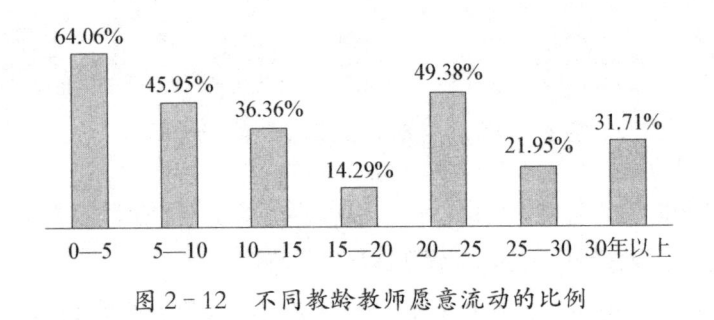

图 2-12 不同教龄教师愿意流动的比例

0—5 年教龄的新教师,正处在学习的阶段,适应能力更强,更愿意与各校的教师接触交流,不断学习与成长。20—25年教龄的教师容易处于职业倦怠期,其流动需求则更高,教师流动也是刺激教师再次发展的契机。

(5) 教师所教学科

如图2-13所示,其他学科(包括美术、音乐、科学等)教师愿意流动的比例较高,有43.82%;语数外学科中,语文学科教师愿意流动比例较高,有42.40%的教师愿意流动。数学学科教师愿意流动比例相对较低。现阶段数学学科流动教师较少,可以根据需求,增加数学学科的流动,提升教师的流动意愿。

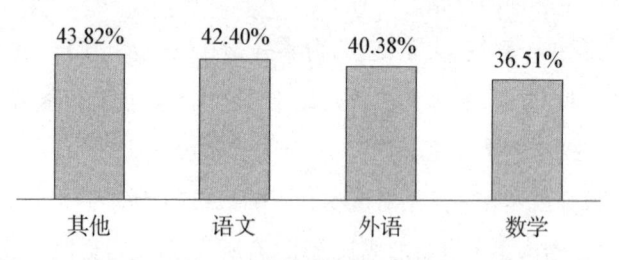

图2-13 不同学科教师愿意流动的比例

其他	语文	外语	数学
43.82%	42.40%	40.38%	36.51%

(6) 教师职务

如图2-14所示,不同职务的教师中,高层管理教师的流动意愿高于其他职务教师,另一方面,需要关注备课组长的低意愿倾向。

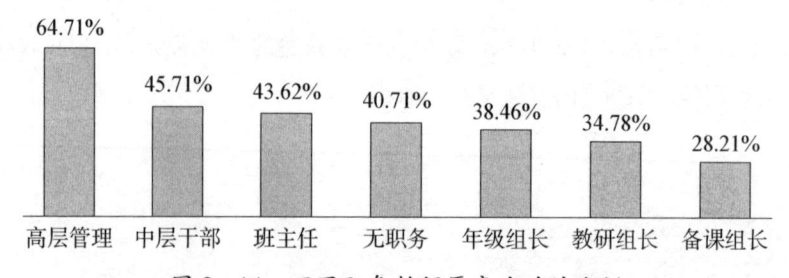

图2-14 不同职务教师愿意流动的比例

高层管理	中层干部	班主任	无职务	年级组长	教研组长	备课组长
64.71%	45.71%	43.62%	40.71%	38.46%	34.78%	28.21%

在访谈中,有流动教师提出:由于学校之间的差异(例如学生、教师团队),很难将在其他学校看到的好方法或管理进行迁移,例如:

"因为学校与学校之间存在差异,所以还是要根据学生情况改变调整。在运用上面还会遇到实际的困难。"

"老师和学生、环境都不相同,不一定能够全搬回来,不一定适用。"

现阶段,中高层不参与流动,但中高层流动意愿较高。为了更好地发挥教师的流动效果,通过管理优化改变学校,可进行中高层流动。

(7) 小结

- **打消教师"不愿意"的顾虑**

现状:教师不愿意流动的主要原因包括担心环境适应、流动压力及离家较远;集团内长二分校、国和小学、水丰路小学教师的流动意愿相对较低;从教师性格方面发现,表达低分析高的教师流动意愿较低。

措施:对于不愿意流动的教师,可以通过充分沟通和关注教师心理状态,打消他们对流动的疑虑,优化教师流动方案,解决客观问题。有针对性地解决不愿意流动的顾虑,例如关注长二分校教师的环境适应、水丰路小学教师对压力的感知,并考虑国和小学教师的客观距离问题。沟通和关注教师心理状态,特别关注性格内向的教师,及时支持营造良好的氛围。

- **突进"无所谓"教师的流动**

现状:对于流动"无所谓"的教师并不会主动报名参与流动工作,但又不像"不愿意"的教师直接排斥流动。因此,流动安排工作会对教师倾向产生影响。同时,学校的支持和流动中收获如果满足了教师的专业发展需求,会改变他们"无所谓"的想法。

措施:对于流动"无所谓"的教师,可以树立典型优秀案例,通过宣传,引导"无所谓"变成"愿意";流动前以教师需求为抓手,考虑带班情况,双向满足各自的发展需求,从而做好沟通和流动安排工作。

- **关注"愿意"教师的流动**

现状:高层管理、0—5 年及 20—25 年教龄教师、语文学科及小学科教师的流动意愿较高,学科中数学学科教师流动意愿相对较低。教师愿意流动主要为了在新环境中寻求新的发展机会。

措施:意愿高的流动教师先行,进一步关注意愿高教师的流动成效(专业发展);增加数学教师流动机会,提升流动意愿;可以逐步开展中高层教师流动。

2. 提升个人成效的方法

(1) 提升个人发展动力

- **建立目标：教师对流动的预期**

个体行为取决于个体对特定情景会发生什么，以及对将要发生事情的结果的价值和重要性认识。教师在流动中表现是否良好，是否有足够的动力积极地参与到流动中，都取决于教师对流动的认识与预期。访谈中，我们将教师们对流动工作的认识进行词频分析，发现（如图2-15）"学习交流""没有差别""日常教学""适应环境""文化差异"等词都是高频词，可见教师对流动的认识不一致，且部分教师认为"流动和在自己学校没有差别"。

"流动的目的到底是什么？普通老师流动是否有必要，到其他学校去需要给更好的东西，其实是有困惑的。感觉就是换了个地方上班，好不容易和学生熟悉了，又回去了。但带来了什么又说不清楚。"（上理工附小教师）

图 2-15 教师眼中的教师流动词频分析

访谈中，24%的流动教师认为，流动和日常教学没有差别，只是换个环境，没得到什么提升；教师对集团流动的重要性认知较为模糊，教师在流动中动力不足；同时，有41%的流动教师表示流动时没有设立目标，流动教师并不清楚要做什么、能做什么。即便有教师在流动中给自己设立了目标，也多以提升学生水平、做好本职工作为主，有关于自身的专业提升较少。

因此，在流动前，集团或学校与教师需要共同制定合理的流动目标，让教师了解流动的目的，对结果产生预期，使得教师在流动中更有方向。

- **公开评价：流动的价值实现**

有了目标之后，流动目标达成与否的评价和反馈同样有助于激发教师的动力。

如图 2-16 所示,几乎所有的教师(97%)都认同教师工作手册是现阶段教师流动的主要评价形式。主要记录流动中制定计划、听课、教研活动、专题汇报课等内容,并最终进行小结与评价。可见,教师工作手册是现阶段的主要评价形式,以定期反馈工作量为主。

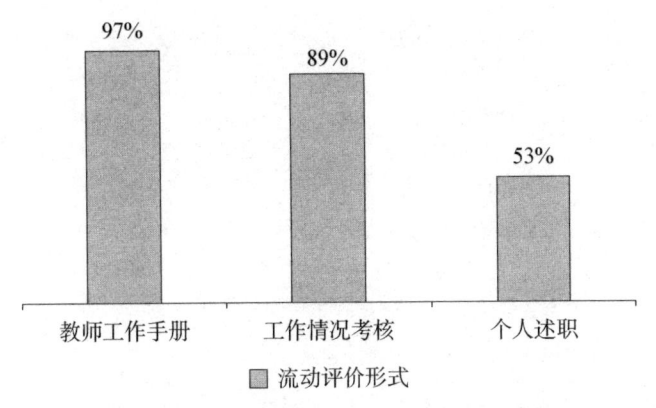

图 2-16 认为是现阶段的教师流动主要评价形式教师占比

但访谈中,41%流动教师表示不清楚评价机制。教师并不了解流动手册的具体作用,而且在流动后教师较少得到明确的反馈。教师工作手册往往被认为是一种留存资料档案的工具,并未形成明确的指标作为依据,对教师的流动工作产生评价的作用。

"没看到对自己的评价是什么,只有流动手册填写,但是怎么评价是不知道的。"

同时,根据访谈,我们发现现阶段有两种评价的方式:

① 年终考核:流动中期(12 月)开展,考核内容以日常工作表现为主,由流入校进行考核。大部分教师所知道的都是年终考核,由于时间在 12 月份,属于流动中期的考评,且是对教师整体工作的考评,并未考虑流动因素,各校的教育教学标准不同,导致流动教师之间的评价结果并不一致。

② 优秀教师评选:属于流动终期的评价,基本在 5、6 月份,考核内容以出勤、在流入校的表现为主,由集团高层进行评价。此种评价针对教师一学年(流动时期)的表现,以客观指标(出勤)与主观结合的评价方式进行,但评价指标相对简

单,不具体。同时,只有个别教师知道此种评价方式。

可见,现有的评价方式并未形成统一机制,以主观评价为主,针对性不强,难以在激励教师流动中发挥作用。

如图2-17所示,教师期望从日常教学、学生发展、课堂水平、师德师风等方面对他们做出评价。

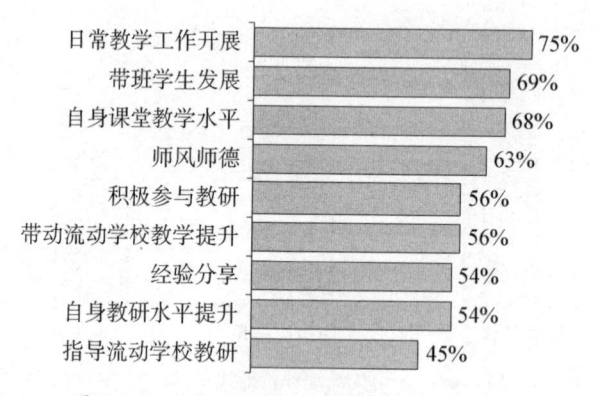

评价方面	比例
日常教学工作开展	75%
带班学生发展	69%
自身课堂教学水平	68%
师风师德	63%
积极参与教研	56%
带动流动学校教学提升	56%
经验分享	54%
自身教研水平提升	54%
指导流动学校教研	45%

图2-17 教师期望从哪些方面进行评价

因此,我们需要以目标为导向,围绕日常工作、课堂教学等内容,细化分层指标(普通教师与骨干教师),考察流动目标达成度,并向教师公开评价内容和方式,促进教师有意识地实现"流动价值"。

- **绩效奖励:教师流动的外部推动**

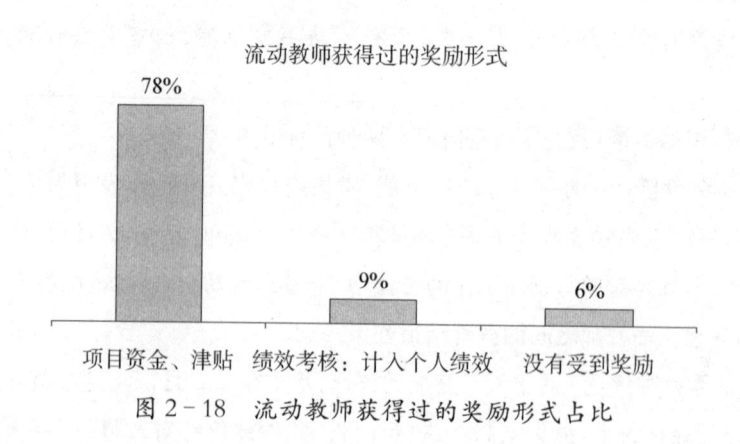

流动教师获得过的奖励形式

奖励形式	比例
项目资金、津贴	78%
绩效考核:计入个人绩效	9%
没有受到奖励	6%

图2-18 流动教师获得过的奖励形式占比

评价前后合理奖励可以激励教师在流动中积极表现。由图 2-18 可知，教师认为所收到的奖励以项目奖金、津贴为主(78%)。根据访谈结果，现阶段的流动奖励措施以每月 1000 元的流入教师津贴为主，问卷结果与访谈一致。但仍有 6%的教师认为自己没有受到奖励，他们并不清楚流动津贴的发放。这些教师对津贴并不在意，或者说这些津贴并未足以激励他们。

访谈中有 4 位教师提及，在流动后，由于表现优秀，职位上发生了变动，获得了晋升，这同样也是奖励的一种方式。例如上理工附小的教师马蕾，流动前担任品社组长，后在流入校担任语文教研组长，回学校后担任年级组长；水丰分校教师王天筠流动前是一名普通教师，在流入校担任年级组长并获得认可，回校后晋升为备课组长。流动教师在流动中能力获得认可，表现优秀，会优先考虑职位的晋升。

同时，访谈中有 3 位教师提及"优秀流动教师表彰"，有 4 位教师提及"推优评选"是个别学校绩效奖励所选择的方式。

另一方面，由于学校之间绩效算法的差异，导致教师在流入校中的工作不被原校承认，这些工作甚至被教师认为是"额外的工作"而不愿意做。访谈中，有 9 位教师对绩效算法及学校的福利提出了疑问，应引起重视。

"两边学校课时不一样，薪酬绩效的算法不同，很多工作在流入校做了，流出校可能不认。"

"在原校做的事情会有奖励，但流出教师到流入学校参与类似活动并没有奖励，只有津贴和集团奖励弥补这部分。现在会匹配类似活动奖励给流动教师。"

因此，我们需要向教师明确津贴和奖励，为优秀流动教师提供额外奖励，例如奖金、推优或职位提升等。各校之间协调课时计算差异及活动参与的统计，便于奖励的发放。

(2) 提升个人专业能力

如图 2-19 所示，81% 的流动教师认为，流动的主要收获是"分享教学经验"及"了解面对不同学生的教学方式"，实践教学能力的提升相对较少。可见，教师在流动中对自身的能力提升较为有限，教师流动并未深刻影响到教师的能力。

那么，集团或学校提供了哪些活动组织，关注教师哪些方面的能力发展呢？

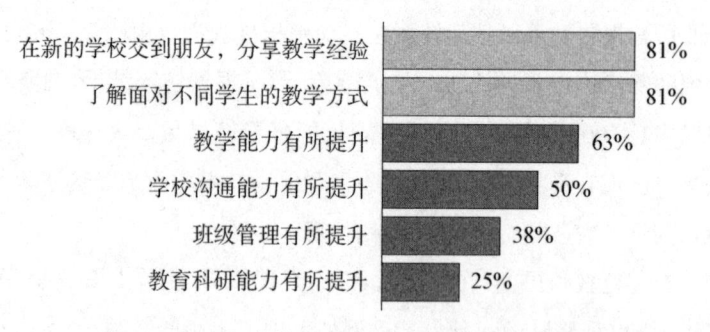

在新的学校交到朋友，分享教学经验　81%
了解面对不同学生的教学方式　81%
教学能力有所提升　63%
学校沟通能力有所提升　50%
班级管理有所提升　38%
教育科研能力有所提升　25%

图 2-19　流动教师在流动中的主要收获占比

- **集团的活动组织**

访谈中，所有教师都提及了"集团会定期组织流动教师交流"。这种定期组织的方式，主要是为流动教师提供相互交流流动感受的机会，以互助的形式解决流动过程中出现的问题。

如图 2-20 所示，流动教师之间的定期交流，教师参与度非常高，有 92% 的教师都参与过类似的活动，但教师认为定期交流的成效低于教师自行与原校进行交流的方式。可见，流动教师之间的定期交流参与度高，但成效相对较低；流动的定期交流初期能帮助教师解决适应问题，但在流动后期存在同质化倾向。有教师表示："流动的定期交流没有必要每个月一次，交流于过频繁会逐渐同质化，缺少效果。"

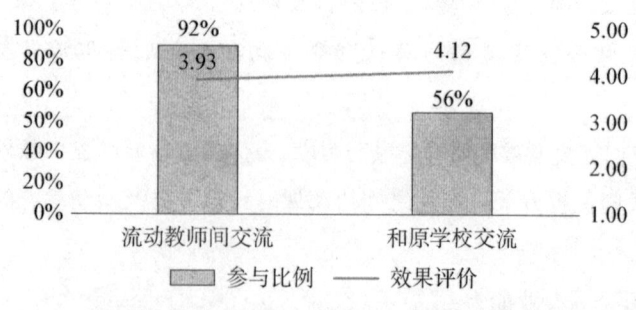

流动教师间交流：参与比例 92%，效果评价 3.93
和原学校交流：参与比例 56%，效果评价 4.12

图 2-20　流动交流参与人数比例及成效

我们可以继续开展类似的定期交流，但不宜过于频繁。并且需要通过专题讨论，明确每次交流的主题来帮助教师解决流动中问题，例如：流动中的适应问题、流动中面对不同学生的教学方式的调整。

- **学校的活动组织**

如图 2-21 所示,大部分教师(97%)都参与过听课及教研活动。此外,教学示范课、流动经验交流、科研等活动也有部分教师参与过。可见,学校为流动教师提供了丰富的交流活动及平台。

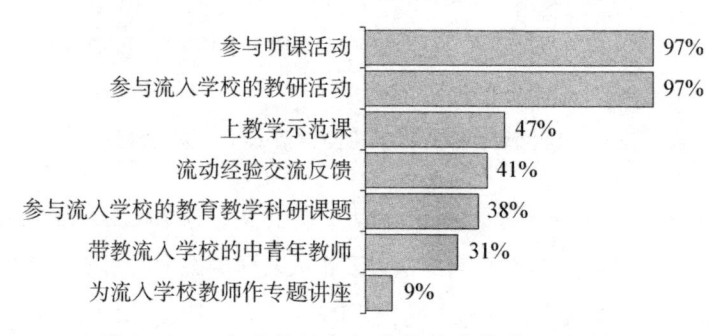

活动	比例
参与听课活动	97%
参与流入学校的教研活动	97%
上教学示范课	47%
流动经验交流反馈	41%
参与流入学校的教育教学科研课题	38%
带教流入学校的中青年教师	31%
为流入学校教师作专题讲座	9%

图 2-21 流动教师参与学校教育教学活动比例

"在流动过程中,一方面参与学校教研组常规工作(制定学期工作计划,配合学校"研究月"活动、听评课、调动研究效率),另一方面还参与到微报告、论坛(设置一个课题)、学年总结、联组教研(定期)等活动中。"(上理工附小)

如图 2-22 所示,骨干教师认为带教和专题讲座的效果较好,非骨干教师则认为教学示范课的效果较好。根据学习金字塔,这三类活动属于"主动学习",学习效果较好。因此,在未来的流动中,应该强化这三类活动的组织和设计。

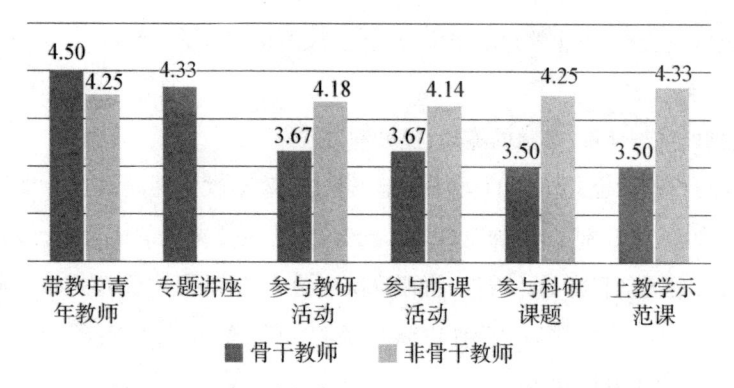

活动	骨干教师	非骨干教师
带教中青年教师	4.50	4.25
专题讲座	4.33	—
参与教研活动	3.67	4.18
参与听课活动	3.67	4.14
参与科研课题	3.50	4.25
上教学示范课	3.50	4.33

图 2-22 骨干/非骨干教师认为活动的成效对比

实际能力提升		期望能力	
9人	教学设计与实施	教学设计与实施	4人
4人	不同学生教育方法	不同学生教育方法	5人
4人	态度与耐心	组织协调	5人
2人	家校沟通	家校沟通	2人
		班主任工作	2人

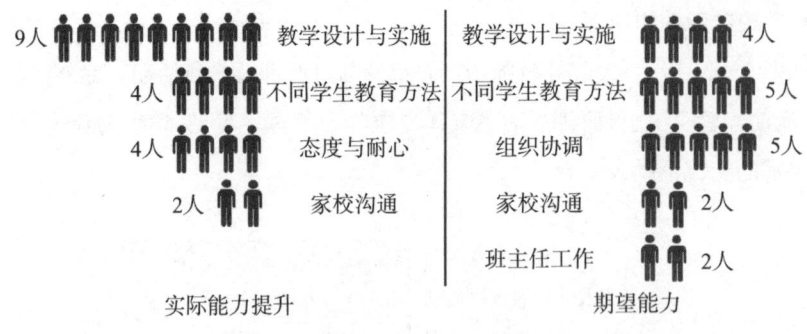

图 2-23 流动教师在流动中实际能力提升与期望能力对比

根据访谈结果,流动教师认为,在流动中发生改变的专业能力主要包括教学设计与实施、面对不同学生的教育方法以及个人教学的态度与耐心。而他们期望在流动中进一步提升教学设计与实施、不同学生教育方法、组织协调、家校沟通及班主任工作能力(如图 2-23)。经过对比可以发现,现阶段教师的流动满足了教师对"教学设计与实施"能力及"不同学生教育方法"的获得与提升。在实际流动过程中,教师更容易在态度与耐心上产生变化,在后续的流动过程中我们可以进一步关注教师的组织协调能力,尤其是针对骨干教师及后备干部,通过流动帮助他们实践教科研的组织等活动。

因此,针对学校所组织的活动,我们需要关注不同梯队教师在不同活动中的获得与成长,在带教和专题讲座中积极发挥骨干教师的引领作用,进一步紧抓非骨干教师教学示范课的反馈。通过各类活动,帮助流动教师梳理教学设计、教学方法的积累与迁移;关注教师的组织协调能力(尤其是后备干部)。

(3) 小结

- **依靠目标-评价-奖励的流动,提升动力**

形成"目标-评价-奖励"的循环机制,通过与流动教师共同设置合理目标,以目标为基础,围绕日常工作、课堂教学等内容,匹配具体细化的评价指标及奖励措施。通过考察流动目标的达成度,将评价反馈给流动教师,增强教师的流动动力。在整个过程中,需要向教师明确评价标准、津贴和奖励,并为优秀流动教师提供额外奖励,统一奖励制度。

- **有针对性地提供专题活动,提升能力**

集团层面,根据教师的专业成长需求,开展专题交流活动,解决教师实际工作中的问题,避免同质化。

学校层面,除了组织各类活动之外,积极关注不同活动的成效。根据不同层级教师的专业发展阶段与需求,匹配相应的活动,激发教师主动学习,促进各层级教师的能力提升。尤其关注骨干教师的成长与辐射引领作用,帮助骨干教师提升组织协调能力,进一步扩大影响。

3. 关注对学校产生的流动影响

(1) 流动时间

如图2-24所示,从问卷结果来看,38%的教师对于流动时间的预期为一学年左右。这可能是由于教师对于流动时间认知的惯性所导致的。因此,我们在访谈中进一步征求教师的意见(如图2-25),65%的教师表示能够接受流动时间增加为两年。另一方面,教师们认为增加流动的时间可以提升流动的成效。

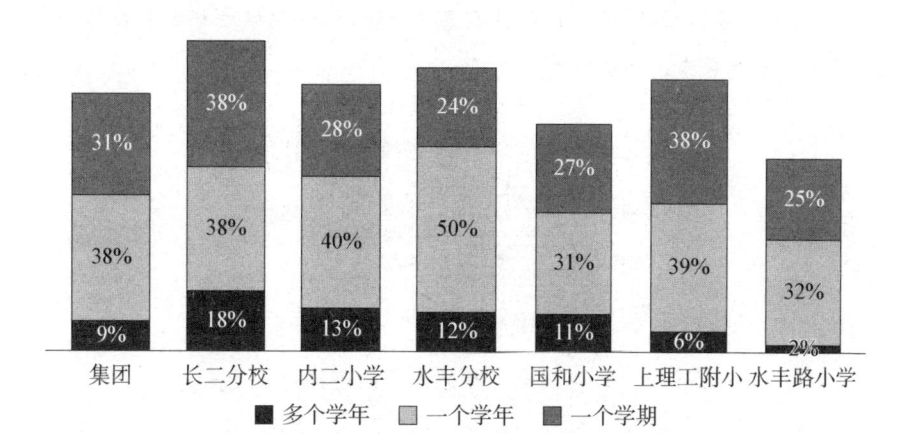

	集团	长二分校	内二小学	水丰分校	国和小学	上理工附小	水丰路小学
一个学期	31%	38%	28%	24%	27%	38%	25%
一个学年	38%	38%	40%	50%	31%	39%	32%
多个学年	9%	18%	13%	12%	11%	6%	2%

图2-24 各校教师对于流动时间的预期比例

5位中高层　　5位流动教师

图2-25 访谈中认为增加流动时间可以提升流动成效的教师人数

"一年的流动时间不能看出什么,相对较短,两年的话也可以接受。"

"一年的流动时间比较短,看不出什么成效。知识是需要积累和铺垫的,长期执教时铺垫的内容在短期内可能就不会做到位,两三年可能会比较合适。"

因此,从调研结果综合可以发现,后续的教师流动时间可以考虑适当地延长至两年。

(2) 流动辐射

如图 2-26 所示,教师流动对流入校的影响主要体现在学生发展及教师发展方面。通过能力较强的教师流动,直接提升了该教师所教班级的学业质量及学生素质。因此,在流动中,学生的获益是最为直接与明显的。同时,在流动中教师改变了教学观念,专业能力有所提升。教师流动,现阶段个人成效相对较好,但辐射作用还不显著。某校的中高层对教师流动的辐射性及其延续性还存在疑虑:

"参与本年级的活动,本身的辐射不是特别强,但能积极参与到本校活动。流入的教师感觉对原来的团队改变不大。"

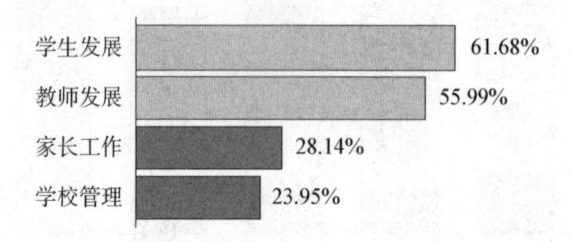

学生发展 61.68%
教师发展 55.99%
家长工作 28.14%
学校管理 23.95%

图 2-26 教师流动对于流入校的影响的主要体现

因此,针对流动辐射性,我们需要将流动的辐射作用纳入评价指标,将带教成效、流入学校影响纳入评价指标,以此提醒教师(尤其是骨干教师)关注教师在流动中的引领性,带动团队共同进步。另一方面,可以通过开展中高层的人员流动,从管理层面带动学校发展。

(3) 小结

学校的发展成效是一个漫长的过程,并非立刻就能看到显著成效。针对流动过程中存在的问题,现阶段先从延长流动时间、开展中高层流动、关注骨干教师辐射作用着手,逐步地从"量变"达到"质变"。

四、流动工作建议

（一）细化制度

建立评价制度：参与流动的教师群体既有经验丰富的骨干教师，又有待培养的青年教师。两者所承担的流动任务并不相同，前者需要发挥辐射引领作用，而后者需通过跟岗锻炼，促进个人专业能力提升。因此，应形成完整的流动评价制度，通过分层的流动评价方式，将个人提升、辐射影响纳入评价内容中，并细化评价指标。综合问卷和访谈中教师的意见，评价内容还可涉及：日常教学、学生发展、课堂水平、师德师风等。应发挥现有教师流动手册的实际效用，将其作为评价的依据，在流动过程中形成过程性资料的记录和积累，作为学期考核的重要参考。

统一奖励机制：基于柔性教师流动的实际需求，应进一步关注各校绩效不同的算法。流动教师从原学校流入集团内的新学校，其编制仍在原校，绩效奖金仍按照原学校的方案。但实际工作中，教师须参与流入校的各项任务，这就牵涉到两所学校在主体项目、任务分配、绩效奖励方案等方面的差异。因此，需要关注各校不同的绩效算法，统一不同学校之间的奖励机制或奖励补充机制，从而提升教师流动工作的管理效益。同时，应思考完善现有配套保障制度，如提供推优、晋升优先等奖励措施，为住家较远的流动教师提供补贴，进一步激发教师参与流动的积极性。

（二）人员筛选

愿意流动教师先流动：流动教师个体的主观意愿与流动实际成效紧密相关，同时，在前期流动动员环节，如果对象是主观意愿强烈的教师，便于机制推进与相关任务布置。从调研反馈看，0—5年及20—25年教龄的教师、语文学科及小学科的教师、表达高分析低的教师流动意愿较高，可以率先进行流动；在经过1～2轮后，再推动其他教师进行流动。

高层管理教师流动：中高层管理教师的流动，能更好地引领学校理念体系完善、战略发展规划、梯队建设、特色课程建设等，所发挥的作用是普通教师流动难以达成的。因此，可考虑开始中高层管理教师的流动尝试，通过管理层面的经验分享与学习，由上至下地影响学校发展。

优化流动人员方案：现有流动的人员匹配，主要考虑的是教师专业发展情况、学校梯队发展需求等。从访谈中，进一步甄别影响教师个体流动意愿、流动参与度的多元因素，其包括交通、带班情况等。因此，在优化流动人员方案时，首先，要尽量避免流入校与教师住家过远（尤其关注国和小学教师）；其次，考虑教师的带班情况，以带低年级/毕业班教师流动为先，避免带班三、四年级的教师前去流动，导致教师内心的不满。

（三）流动准备

准备工作：明确名单后，提前1～2个月通知，并及时做好沟通，了解教师可能存在的问题及想法，并在允许的范围内，帮助教师匹配其发展需求，形成个性化的流动任务与资源支持，从而提升教师的流动意愿。

流动动员：流动前应开展流动动员，明确以下内容：1. 流动意义，包括对个人发展的意义及对学校发展的意义；2. 政策支持，即参与流动在职称评定、骨干晋升等方面的优惠政策，以及对于流动教师的不同形式的奖励；3. 评价依据，明确对于流动教师的过程性与终结性评价内容、方式，明晰具体的评价指标和参照依据，帮助流动教师建立目标感。同时，基于调研中教师对于流动的"顾虑"，可通过参与过流动的教师"现身说法"，消解教师内心压力感，激发其主动流动。

适应准备：校际之间存在着文化差异，这些差异不仅体现在显性的物质环境上，更体现在隐性的教学氛围、人际互动、沟通渠道等方面。可通过多元途径，如设置适应期、开放日等，提前让流动教师与流入校教师进行沟通，了解学校制度、文化及班级情况，从而为新学期尽快适应新环境做好充分准备。

流动时间：调研反馈中，各层面教师均反馈一年的流动期太短，除了前期的适应与调试，"刚融入没多久就结束了"。因此，从流动时间来看，可尝试从一年延长至两年，从而给予教师更为充分的时间，完成其流动任务。

专题讨论：从调研反馈看，基于教师真实需求的活动更受欢迎，也更有效果。因此，应收集教师的困惑与问题，不定期开展专题讨论活动。前期，聚焦教师的适应性问题，通过分享交流、同伴支招、资源支持，帮助其更好地融入新环境；后期，了解教师教学中的问题（例如面对生源差异的教学方法迁移），形成专题讨论，共同解决流动的适应、专业成长问题。

发挥骨干作用：流动效益的延续有赖于"造血功能"的建立。骨干流动教师的目标定位,不仅仅是完成执教班级的教学任务,更重要的是发挥辐射作用,通过专题研讨、科研、骨干教学示范课,带教青年教师、培育教研氛围等,提升流入校学科教师团队的专业能力。只有这样,当流动期满,流动产生的效益才能进一步延续。而从骨干教师个体来看,其组织协调能力、课堂教学能力等也通过流动得以提升,实现了个人与组织、流入校与流出校的双赢。

针对性关心:关注流动教师的适应能力和压力,尤其是长二分校、水丰路小学的教师或是性格内向的教师,了解他们在流动过程中可能存在的人际问题或专业发展问题,及时帮助这些教师适当地缓解因环境变化、教学所带来的压力。

定期沟通:形成常态化机制,关注教师在流动过程中的心理调适情况。定期了解流动教师工作量与工作成果,避免工作量过大或额外工作导致教师不满情绪,及时鼓励和表扬教师在流动中所形成的工作成果。

(四) 流动评价

开展评价:依据流动目标,进一步细化评价指标,明确检测点,以便考察目标达成度,达成以评促教的效果。同时,及时向教师反馈达成情况、评价的结果,促使教师对照各个阶段的工作进程与效果,积极改进、调整。

表彰奖励:根据评价结果,给予教师相应的奖励。除了表彰优秀流动教师之外,可以根据实际情况给予流动教师职位晋升、推优、职称、奖金等不同形式的奖励。

宣传交流:整理一阶段的教师流动案例,树立优秀流动教师典型,并在集团内进行宣传和经验交流。集团或各校可以组织优秀教师进行流动经验和教学成果的分享。通过优秀案例宣传,打消还未流动的教师的顾虑,为下一轮流动工作奠定基础,做好准备。

第三章
集团化办学中的教师流动机制

一、问题的提出

教师流动是实现义务教育资源均衡配置、促进教育均衡发展的有力举措。从 2016 年 6 月至 2017 年 6 月,集团内已经启动了两轮教师流动,40 位教师参与其中。教师群体普遍知晓,作为集团成员校的教师,凡符合流动条件的都要参与集团内部的"流动"。有过流动经历的教师对"流动"也有了最直接的认识和体验。"教师流动"不再是一件新鲜事物。一般情况下和教师谈流动、安排流动,讲明原委,教师都能通情达理,欣然接受。

但教师流动还是不能仅仅依靠"动之以情,晓之以理",而是应推进教师流动制度,促进教师流动的制度化、常态化,并在此基础上,形成一定机制以解决在流动中面临的种种问题,让"流动"变得更贴近人心,更贴近教育均衡化的目标,才是要义。譬如,突破教师个体流动意愿低、对环境难以适应,以及配套活动、评价、激励等措施未满足教师需求而产生的重重阻力等等。如何妥善处理流动教师的合理利益诉求,充分调动广大教师自主自愿的流动积极性,是关系到流动政策能否顺利推行的关键因素。

为聚焦凸显问题,寻深化路径,2017 年 11 月,集团内开展了关于教师流动的大调研。调研覆盖了集团内部六所学校,共计 334 位教师参与问卷。通过对数据的收集和梳理,我们看到了在教师流动中亟待通过长效机制来缓解或解决的四大关键点:

1. 就流动意愿而言:集团内 50% 及以上的教师表现了"愿意"的态度,40% 的教师表达了"不愿意",且集中在相对薄弱学校。通过访谈得知,环境适应、流动压力及客观距离是影响教师流动意愿的主要因素。

2. 就流动成效而言:教师对成效最大的顾虑是"一年的时间很短,感觉工作的延续性不强。人走了,流动影响也随之消失了。如果流动的时间能长些,可能会好些。"流出校的中层干部相对则更担忧"教学质量方面有下降,拉低全年级水平,需要回来的教师再花力气提上去。"从中可以窥见流动时长与流动教师水平的参差,一定程度上构成对流动成效的影响。

3. 就流动评价而言:41%流动教师表示不清楚评价机制。虽有《流动手册》,但教师并不了解其具体作用,《流动手册》往往被认为是一种留存资料档案的工具。《流动手册》也未形成明确的评价指标。一般对流动教师的工作评价,采用的是年终考核和优秀教师评选两种结果性评价方式。但教师则更期望从日常教学、学生发展、课堂水平、师德师风这几方面对他们的日常工作作出过程性的评价以及即时反馈,体现了参与流动的教师期待不被"边缘化",强烈希望其工作被认可的心理需要和诉求。

4. 就流动激励而言:教师还反映了由于学校之间绩效算法的差异,导致其在流入校中的工作回到原校后不被承认,教师本人的绩效收益受到一定程度影响,其中有9位教师就绩效算法及学校给予的福利待遇提出了相关的疑问等等。

种种实践层面涌现的问题,需要依靠稳定的机制来规范与解困。建立科学、合理的教师流动机制,并确保机制的有效实施,才能真正发挥出教师流动的最大效益。

二、对教师流动机制的认识

《辞海》对"机制"的解释为:"一个工作系统的组织或部分之间互相作用的过程或方法。"[1]"百度百科"对"机制"在社会学中的内涵表述为:"在正视事物各个部分的存在的前提下,协调各个部分之间关系以更好地发挥作用的具体运行方式。"在我国,目前学术界对"教师流动机制"没有特别明确统一的阐述。查阅文献,可

---

[1] 辞海编辑委员会.辞海(第六版 彩图本)[M].上海:上海辞书出版社,2009:1000.

以看到对"教师流动机制"的表述众说纷纭。例如,李琼在《义务教育均衡发展的教师流动机制研究》中表述为:"教师流动机制,属于狭义的机制,是指在义务教育教师流动相关体制与制度共同存在、法律保障的基础上,教师流动各因素之间相互作用所形成的具有一定规律性的运作方式和状态。"[1]陈凤在《义务教育均衡发展视域下教师流动机制研究》中这样表述:"教师流动机制则是在机制的基础上融合义务教育教师流动体系。笔者理解为,为了保障义务教育阶段教师流动的均衡性的行程,由政府、学校、教师三位主休共同建构教师流动的运行机制。不单为个别政策、法规、制度,而是多方位的可行性体系,拥有制度安排、实施方案、激励规则、检测评估等方面的框架体系。"[2]

结合上述表述,且从集团化办学中教师流动的实际工作出发,我们对"教师流动机制"的理解,一般从两个方面思考:一是协调一项工作中组织或部分之间的关系,使之趋近最匹配与协调的状态;二是让其成为一种可操作的、可具体运行的方式,并成为日常运作的长效规律。在此基础上,所形成的"科学、合理的教师流动机制",可以从机制本身的功能出发,形成制约机制,让管理活动有序化、规范化,以保障管理活动的有效运转;形成激励机制,以调动这个工作系统中各部分或各组织成员的积极性;形成保障机制,为管理活动提供必要的物质和精神基础;当然,还可以包含评价监督机制、选拔机制等方面。

三、教师流动机制的范例及启示

(一) 管窥日、韩已有教师流动机制经验

那么,怎样的教师流动是较为合理和有效的呢?我们可以打开视野,借鉴他国经验。

拿日本来看。日本中小学教师流动制度在近 70 年的历程中日臻完善。为增强教师流动的意愿,日本逐渐确立起较复杂的中小学教师工资结构。一为标准工资,二是津贴。津贴种类繁多且具有地域差异。就对象而言,既有一般教师均能

---

[1] 李琼.义务教育均衡发展的教师流动机制研究[D].上海:华东政法大学,2017:12.
[2] 陈凤.义务教育均衡发展视域下教师流动机制研究[D].西安:陕西师范大学,2018:6.

享受的津贴,也有向偏僻地任教或流动教师倾斜的津贴。总体来说,这种统筹公平与绩效的工资结构科学合理,对保证教师队伍的稳定和质量,提升教师的工作热情具有重要意义。①

再看韩国。"一般而言,韩国普通中小学教师连续在一所学校任教二至五年,就要流动到另一所学校。安排流动教师时,除了教师的工作年限外,还要考虑教师本人的意愿、家庭环境、工作实际、所在学校的位置和社会的声誉等因素。同时,政府对教师不适宜流动的情况也作了具体规定。安排流动时,还要考虑其居住的方便,一般在90分钟车程以内。此外,启动流动会有一定程序。每年由教育厅根据本地各校教师余缺的具体情况,制定和发布教师流动政策,再由要流动的教师提出申请材料,接着计算教师的流动分(包括工作经历分、工作业绩分和特殊加分),最后教育厅根据教师流动分,同时结合其居住地和个人意愿,决定教师流动的学校。韩国政府对教师还采用计算流动分的评价方法,对于激励教师参与流动具有重大作用。其中的工作业绩分,除了学校对教师的年度工作评价,还有学校或教师本人受到上级部门的表彰奖励而得到的。另加分由集体意识分、科学研究分合成。另加分能促使教师提升集体意识,重视集团团队的整体发展,同时也鼓励教师进行科学研究,不断自我完善。"②

(二) 借鉴国内各地区教师流动机制经验

相比较日本、韩国全国性、周期性教师轮岗和换岗制度,我国在国家义务教育教师均衡配置政策的总体思想指导下,各地也因地制宜地探索和形成了具有地区特点的较丰富的教师流动机制。

以重庆市巴南区为例,"2011年—2016年期间,巴南区在全力推进义务教育均衡方面做出诸多努力,每年都制定有其目标规划与执行的措施方案,给予教师流动机制方面予以行动上的表现。"③

再以上海市松江区为例,"为了调动共同体内教师柔性流动的积极性,以及更好地发挥柔性流动教师的工作能动性。松江区教育局在教师柔性流动方面还健

---

① 吴璇,王宏方.日本中小学教师流动的政策体系——基于法律演化的视角[J].上海教育科研,2020(4):48—52.
② 倪中华,李霞,马红洁.韩国中小学教师流动制度[J].上海教育,2019:62—63.
③ 陈凤.义务教育均衡发展视域下教师流动机制研究[D].西安:陕西师范大学,2018:28.

全了三方面的制度。一是教师柔性流动奖励制度。实行教师流动与职称评审、岗位聘任和评优评先挂钩,并实行柔性流动经费奖励制度。经考核合格的柔性流动教师,每学年奖励8000元。二是建立健全柔性流动骨干教师的管理和考核制度。这项制度是以文件中的'柔性流动教师的工作职责'为依据,对柔性流动教师在流动期间内的教学、研修、带教、论文撰写等方面进行管理和考核。三是建立教师柔性流动运行机制和保障机制。这主要是由各共同体及成员单位进行制定。各共同体单位成立教师柔性流动领导小组,依据区教育局的相关规定和要求,以及根据每个共同体集体学校的实际情况和需要,制定实施方案,明确工作职责及任务。"[1]

(三) 对集团化办学中教师流动机制改进的启示

国内外教师流动机制的一些典型做法和经验值得我们关注和借鉴,如科学规划教师流动周期。在集团对流动教师的大调研中,参与流动的教师就反映:"一个地方还没待熟悉或者刚刚熟悉有点起色了,又要回原单位了。"学校教学安排有其自身的内在规律,一定程度上比较强调按年段分配及其衔接,且关注学生学习环境中教师这一因素的稳定性。一般不会也不易频频调动教师的任教年级和班级。教师流动过于频繁会影响正常工作节奏与规律,既不利于学校教学的整体安排,容易出现突然断层的局面,也不利于教师融入工作环境,吸纳并形成与之一致的文化与价值追求,容易让教师缺乏归属感,更忽略了受众对象——学生的感受与利益。科学规划教师流动周期,可在一定程度上降低教师流动频繁而对教育教学产生的负面影响。

又如设计规范与公正的流动启动程序,充分体现操作上和过程上的以人为本。以往的教师流动较少考虑教师本身的特质、家庭境况、内心需求,以及其专业能力、专业发展意愿与学校需求的匹配性。韩国实行的"自主申报—部门核准—完成启动"的流程,在制度建设和操作程序上下了大工夫,使流动工作在一开始的程序建设上就显现出应该有的规范、公开、公正。实际工作中,我们也可以结合集团化办学的实际,运用一定的筛选机制,尊重每位教师的个人意愿,给每位教师适度的自我选择空间的同时,准确把握教师的专业特长和教育教学能力,将流动教

---

[1] 李琼. 义务教育均衡发展的教师流动机制研究[D]. 上海: 华东政法大学, 2017: 20.

师匹配到最能发挥自身特长与作用的岗位上,最大限度地挖掘和发挥每个教师的专业价值,从而激发教师流动的内驱力,使流动形成一种良性循环。

再如向薄弱学校的流动倾斜。各国各地区的教师流动均有通过机制推动教师前往"最需要的地方"。集团化办学中由于多种原因,一样存在优质资源缺口较大的薄弱学校、薄弱学科。那么,如何借鉴这一"对焦"的举措和机制,在充分调研和调动各所学校的师资队伍和学科建设情况的基础上,通过统筹和综合规划来实施教师流动,把最优质的师资充实到最需要的岗位上,以实现均衡配置的高吻合,也是我们可以一探究竟的角度。

还有建立教师流动的评价制度。借鉴国内外的成功经验,我们也可以建立类似的集团内流动教师的考评制度。将教师流动过程中的工作实绩、教科研活动、课程开发、专业发展、辐射带教等重点工作纳入流动教师的评价范围,并将考核结果作为教师流动待遇提升、职称评定等的重要依据。充分肯定教师在流动过程中做出的积极贡献,让教师真正体验到流动的价值。

总之,单以行政强制力对教师流动作出要求,虽在短期内易彰显成效,但如果能重视教师意愿,教师个体与学校岗位的匹配性,教师流动中的工作绩效,以及教师流动的实际收益等因素对流动效能的影响,建立起合理的流动机制,一定程度上就能提升流动效能。流动效能提升了,才能对推动教育均衡化起促进作用。反之,则事倍功半。

四、对集团内教师流动机制的再思考

那么,在我们集团内要如何建立科学、合理的教师流动机制,如何保证教师流动机制的有效运作呢？我们从区域集团化办学教师流动政策依据,集团内教师流动所需要遵循的原则,以及集团内教师流动机制的建构三方面进行再思考。

(一) 区域集团化办学教师流动政策依据

自 2015 年开始,为推进集团化办学教师流动,杨浦区先后出台了《关于进一步深化集团化办学的实施意见》《推进教育集团内教师流动的若干意见》等文件,探索完善集团理事会管理机制、集团化办学内涵发展机制、集团内教师流动机制、集团考核激励机制、集团化办学评估机制等,以制度建设规范集团化办学。尤其针对多途径促进教师流动,支持教师流动,推出了集团教师"蓄水池"计划,在重新盘整区域资源的基础上,为每个集团增加了10个编制,供集团集中招聘、集中培训、集中管理。同时,明确规定集团内每学年教师流动的比例不低于符合流动条件教师总数的8%,其中骨干教师比例规定不低于流动总数的15%。依托区域政策,盘活集团教师资源,对集团教师流动工作作出整体规划和计划,从"进口"到"出口"就对集团教师流动进行通盘考虑,并以方案的形式固定下来,形成集团内各成员校间的共识,是保障教师流动合理性的基础。

(二) 集团内教师流动所需要遵循的原则

集团内教师流动应该遵循什么样的原则才能促进合理的流动?需要从流动对象的双向匹配性、流动效度的量的合理性和质的合理性,以及流动评价的普适性与针对性三大方面来确立。在流动中,只有将流动教师需求与学校需求匹配起来,将流动中的量与质结合起来,将流动评价的普适性与针对性融为一体运作,才能促进义务教育阶段教师的合理性流动。

1. 流动对象的双向匹配性原则

对教师而言,环境适应、流动压力及客观距离是影响教师流动意愿的主要因素。教师个体有差异,个性特点决定了其转换到一个新的环境的心理适应性及调适性;教师对自身的专业发展都有期许,意愿的强弱与之能获得的支持和帮助成正相关,如果流动能成为助力其专业发展的新平台,则更易激发教师流动意愿;也有部分教师因身体、家庭等因素,可能暂时不适合流动,他们也希望获得理解,这是人之常情。对学校来说,保障优质师资流出是关键。流动中最容易发生的情况是"谁都不愿意优质师资的流失",往往派出的流动教师专业能力并不强,有时还是教学经验不足的职初教师,甚至会出现"流动"成为"打发人"的一个渠道的现象。流出校校长"聘用"教师,流入校校长"使用"教师,这一不对等的关系决定了流出校校长掌握控制参与流动的教师质量,为保护学校利益,其很难做出决定让优质教师"外流",较大程度上影响流动政策目的的实现。

为了促进教师合理的流动,必须将教师需求与学校需要双向匹配起来,尊重个体,统筹全体,进行双向选择。个体有序,全体有规,双向有益——互助互利。通过人性化与合规化的方案的建立,营造环境和条件,让双向匹配成为一种鼓励,一种推动。这样才能让流动往教师群体的思想深处走,内心深处走,让流动成为一种必然的、主动的选择。

2. 流动效度里量和质相结合原则

检验流动效度,要将流动教师在流动过程中实际承担的工作量,与对流入学校教学效益的影响程度结合起来考量。量的合理性,即适应"流入"学校的需要和"流出"学校承受力的流动量,使各类教师的流动比例保持在学校需要和学校承受力之间的特定阈限内。质的合理性,指流动是以教育均衡发展为目的的,要充分发挥教师个体专业特长,充分显现流动是为了促进各类教师的专业成长,是为了促进各所学校教育质量的提升。让骨干教师的辐射引领作用在流动中获得充分彰显,为青年教师的成长搭建渠道,而非"削峰填谷"或简单的"人"的"搬家"。

3. 流动评价的普适性与针对性一体化原则

公开、公平、公正的教师奖励机制关系到流动教师的工作积极性,从而影响教师流动的效益。流动评价应建立在多劳多得、有绩优酬的基础上,形成公平的教师评价体系,强化评价奖惩,有效地实施激励措施。流动评价的普适性,反映在合理安排流动教师的教育教学任务,可以从课堂教学、学生发展、师德师风这几方面对他们日常工作作出过程性的评价以及即时反馈。各校在条件允许的情况下,在对流动教师工作量的核定上,也可以建立相对统一标准。流动评价的针对性,则指根据教师的不同类型,将教师在流动期间实际工作的质与量纳入流动工作考核体系,如课程开发、带教指导、公开教学、科研论文发表等,从而促进教师专业成长,不要让"流动期"成为教师专业发展的"空白期"。还可以考虑在一定范围内将"流动"经历作为附加分,折算进骨干教师认定的范畴。总之,应遵循两者一体性的原则,合理安排教育教学任务,注重目标管理,加强过程性管理,并结合取得的工作绩效给予适当的奖惩,以激发每位流动教师的工作热情和积极性。

(三) 给改进集团内教师流动机制带来的启示

改进集团内教师流动机制,需要打破固化思维,从面向教师和面向学校共同发展,促进教育均衡化的两个维度进行。从因需而设、发挥实效,过程评价,激励导向、优绩优酬出发。因需而设、发挥实效是基础;过程评价是关键;激励导向、优绩优酬是保障。为此,我们思考:

(1) 依据哪些标准设立筛选和匹配的机制,以对应不同类型的教师个体需求。

(2) 如何形成有效的流动交流与反馈机制,与教师流动体验形成同频共振。

(3) 如何改进现有评价机制，以更好地衡量教师流动的实效。

(4) 如何调整现有激励机制，激发流动教师内驱力，促进教师专业成长。

围绕上述四点，我们拟梳理教师流动的运作过程，改进导向与匹配机制、实施与监控机制、评估与激励机制，并形成相关的制度。通过导向与匹配机制，形成尊重差异的文化，纾解教师流动的顾虑，促进"人尽其才"。通过实施与监控机制，统筹资源，突破教师为"学校所有"的局限，缓解薄弱学校的急难，托底各校教学质量。通过评估与激励机制，激发教师主动参与流动，获得专业成长的内在动力。

五、集团内教师流动机制的改进

(一) 对照流动工作环节，梳理流动实施流程

基于集团内现有的《流动手册》《流动管理条例》《流动评价》等，我们结合流动工作的主要环节：准备、启动、实施、评价四个阶段，来改进集团教师流动机制。

1. 流动准备阶段：进行平台数据分析，形成《集团教师流动方案（初稿）》；进行"预通知"，了解教师动态；填报《成员校师资匹配表》，排摸学校需求；调整出台年度《集团教师流动方案》。

2. 流动启动阶段：召开"流动教师动员大会"，进行流动宣传动员；召开"流动教师见面会"，激励流动教师融入新集体、新环境。

3. 流动实施阶段：分层细化柔性流动制度，促进流动教师专业成长；举办"流动教师座谈会"，举行"流动教师节日慰问活动"，关心流动教师身心状态、思想动态。

4. 流动考评阶段：修订《集团教师流动手册》，改进评价激励制度，表彰奖励优秀流动教师，保障流动工作实施。

(二) 集团内教师流动机制改进的典型样例

1. 开发教师流动管理平台，形成集团师资信息化管理机制

教师的专业水平，是师资优质程度的核心。合理配置的前提是要摸清"家底"——集团内整支教师队伍的实际专业水准。之前在准备阶段，流动教师的专业水平往往处于"打闷包"的状态，唯有进入"流入学校"一段时间后，才能借助工作实际对其有一个清晰的了解。这样的状态，对于能否将流动教师放置在合适的岗位上，比如能否与班级学生水平、年级教学难度相适宜都存在较大的"盲点"，更

不用说"人尽其才"了。因此,在准备阶段就建立机制,在对师资情况摸底的基础上,再形成流动方案就很重要。集团于2018年启动开发教师流动管理平台,建立教师队伍大数据画像。平台采用"师资队伍结构分析""教师轮岗流动模型",校准对整支教师队伍专业水平的了解程度,并对教师专业成熟度、学校学科成熟度、教师流动均衡匹配度进行建模和运算,使其实现集团教师资源配置的"帕累托最优"。在此基础上,综合各类因素,系统自动生成初态的《集团教师流动方案》。教师流动平台管理人员将该方案提交集团理事会,供各校理事商议并决策,生成当年度的《集团教师流动方案》,以实现师资配置最优化。

2. 建立双向匹配制度,形成集团师资统筹机制

教师"柔性流动"需要对接学校的发展需求。在数据形成后,集团内各成员校通过填报《成员校师资匹配表》,对流动需求做进一步量化。当各校薄弱学科、待培养青年教师、梯队建设等关键点明晰后,集团教师流动中心根据各校实际需求进行统筹。同时,启动"预通知"流程,通过面谈、座谈的形式了解教师可能存在的问题及想法,打消教师流动的心理顾虑。对面临特殊情况(家庭负担、子女升学、本人身体出现重大状况等)的教师,实施暂缓流动的人性化操作,让"流动"在情感上变得更顺畅。流动名单确立后,"中心"对《成员校师资匹配表》再做微调,根据路途远近、教师带班情况等因素,进一步优化流动人员方案。

3. 运行流动教师例会制度,形成集团流动"随访随问"机制

流动工作启动阶段,集团会召开"流动教师动员大会",做好流动意义宣传,通过集团各成员校的校情校貌宣传,增进流动教师对新工作、新环境的了解。流动教师进入"流入学校",每当新学期开学第一天,集团定期召开"流动教师见面会",也让流动教师与流入校的干部、教师进行沟通,帮助流动教师尽快熟悉了解同事,了解各校的文化及班级情况,为尽快融入新的集体、新的环境打好基础。每学期,集团还定期召开"流动教师座谈会",开展"流动教师节日慰问活动",及时了解流动教师生活,关心流动教师身心状态,形成沟通、交流的畅通渠道。

4. 分层细化柔性流动制度,形成集团师资水平提升机制

为规范流动教师的教育教学行为,结合集团各成员校师资的实际情况,集团制定《上海理工大学附属小学教育集团流动教师工作职责和管理条例》《上海理工大学附属小学支教教师守则》,从师德规范、工作职责等方面作出细致规定。例

如:主动参与流入学校的教研活动,每星期能够听一节课;主动参与流入学校的教育教学科研课题;集团流动的骨干教师每学期至少上一堂教学示范课,积极为流入学校的教育教学及教研工作提供意见和建议;集团流动的骨干教师主动带教流入学校的中青年教师,流动期间能够带教1—2名中青年教师;集团流动的骨干教师每年至少为流入学校教师作一次专题讲座,等等。

为促进不同层面的教师专业成长,集团出台《上海理工大学附属小学教育集团教师柔性流动名师整合细则》《上海理工大学附属小学教育集团跟教教师守则》《上海理工大学附属小学教育集团教师柔性流动课程统筹细则》《上理工附小教育集团教师柔性流动联合教研活动协议书》《上理工附小教育集团教师柔性流动课程志愿者手册》。例如,《集团教师柔性流动名师整合细则》,细致描述出集团骨干教师组团带教的流动与方式。整合集团骨干教师队伍,组建"名师团",依据双向选择原则。集团理事会首先向集团各校公布优质教师、名师团名单,让各校参与流动的青年教师自主选择"带教教师",再由"带教教师"遴选带教对象,最终组建带教小组。《跟教教师守则》则明确规定跟教条件、跟教职责、跟教权利,从而形成集团柔性流动的师徒带教机制。

通过《管理条例》的制定,集团还对各成员校的职责,以及集团理事会自身的职责做出了明晰的要求。要求各成员校结合学校实际,制定好流动教师工作计划,合理安排好他们的各项工作(如备课、家访、带教、教研组和备课组活动、教科研、专题讲座、展示课等工作),积极发挥流动骨干教师的示范引领作用,为他们的成长提供足够的舞台。每学期各校要根据教师流动期间的工作实绩进行考核,考核评价分为学期考核、终期考核两个阶段。学期考核由流入学校负责实施,在个人述职的基础上,由流入学校对流动教师工作情况进行考核,并将考核情况书面上报集团审核,审核同意后,报教育局义教科和人事科备案。终期考核由教育集团负责实施,在教师个人总结、流入学校汇报的基础上,教育局组织专家对流动教师工作进行考核评估。而集团理事会也要根据集团教师流动的实施目标、任务,加强过程性管理,组织开展终期考核,定期召集流动教师共研教育教学,协调或解决教师流动中产生的重点、难点或热点问题,力求产生有成效的实践成果。

5. 改进评价激励制度,优化集团师资流动动力与保障机制

从原先单一关注流动阶段成果的考核,到在听取流动教师意见和建议的基础

上修订《集团教师流动手册》，修改后的手册着眼于集团特色核心项目推进，聚焦"联组教研活动记录""自主拓展课程科目纲要"等内容，并调整了流动教师的考评标准，分设基础要求、特色加分。评价指标以目标为导向，以过程为依据，围绕日常工作、课堂教学、课程建设、辐射引领等内容细化分层。强调结合流动教师个人工作特色，考察其流动目标达成度，个性化地体现、促进教师有意识地实现"流动价值"。流动结束后，依据设置的流动目标与评价指标，考察目标达成度，并向教师反馈目标达成的情况、评价的结果。《流动手册》也仅作为辅助资料，在流动过程中帮助流动教师形成过程性资料的记录与积累。

根据评价结果，集团改革《"流动津贴"发放办法》，形成相关集团内部考核制度，依据制度给予流动教师每月绩效奖励。同时，每学年进行一次教师流动案例的撰写与交流，树立优秀流动教师典型，并在集团总结大会上进行宣传和表彰。此外，还在学校内部的教师专技岗位工资晋升、推优评选、骨干认定等方面，对参与流动和优秀流动的教师给予倾斜。

总之，通过立体、多维的评价，既看流动教师的整体发展，也看每一位流动教师的个体进步，发挥评价正面监督及促进作用，引导教师流动的良性发展。

第四章
教师流动管理平台开发与实践

一、管理平台的架构

（一）教师流动管理平台顶层设计

1. 立足紧密型集团五项任务，推进集团科学化发展

为进一步贯彻落实《上海市教育委员会关于推进本市紧密型学区和集团建设的实施意见》（沪教委基〔2019〕7号）《杨浦区教育局关于推进紧密型集团建设的实施意见》的精神，提高教育优质均衡发展水平，结合教育集团实际情况，上理工附小集团继续围绕"不一样的学校，一样的精彩"的集团发展目标，着力加强紧密型集团创建，通过促进"组织更紧密、师资安排更紧密、教科研更紧密、评价更紧密、学生培养更紧密"，激发集团合作共进的创新活力，实现管理、师资、课程、文化等互融互通，提高每一所成员校的办学效益，整体提升义务教育优质均衡发展水平。

在这样的背景下，集团管理平台的建设旨在为集团搭建一个能够及时、便捷地管理集团相关事务的信息化平台。如图4-1所示，其主要包含集团教师发展档案、集团教师流动管理、集团考核管理、联组教研管理、集团共享课程资源库五大功能。并通过集团端、成员校端、教师端三个层级的入口，实现平台五大功能的有效运行。

2. 以建立教师数字画像为核心，推动集团现代化治理

大数据挖掘和分析技术目前在全球各个行业的应用已经非常广泛。比如，在互联网行业，基于用户画像，为用户推荐、分发个性化的商品或内容已经成为了目前大多数公司必须具备的基本能力。在医疗领域，收集病人的历史特征，采用机

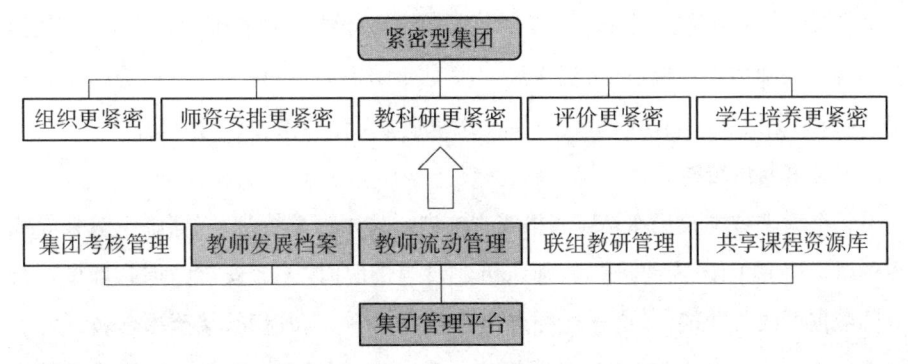

图 4-1 集团管理平台架构及主要功能

器学习算法可以有效地发现病人潜在的发病风险。而在教育领域,随着近年来教育信息化的快速发展,以及大数据挖掘和分析技术在其他行业的成熟应用,教育大数据的技术应用场景也开始初具规模。[1]

教师是教育工作至关重要的参与者和推动者,2017年,国家就在《教育部关于全面推进教师管理信息化的意见》中明确提出"形成教师队伍大数据。依托教师系统,实现各级各类教师信息的'伴随式收集',为每位教师建立电子档案,建立统一高效、互联互通、安全可靠的全国教师基础信息库;高效采集、有效整合教师系统及相关教育管理服务平台生成的教师信息,形成教师队伍大数据"[2]。2018年,国家再次强调教师队伍建设的重要性,在《关于全面深化新时代教师队伍建设改革的意见》中强调要"全面提高中小学教师质量,建设一支高素质专业化的教师队伍"[3]。因此,建立教师队伍大数据画像,精准提升教师队伍专业水平,对于促进宏观和微观的教育发展均有着重要意义。

在上理工附小集团的顶层设计中,教师数字画像将主要在以下三大类场景中应用:教师队伍科学治理、教师职业发展评估、教师专业精准提升。

(1) 教师队伍科学治理:实时掌握宏观动态

基于教师个人数据画像,能够在不同层面进行数据的聚合,分析教师队伍的

---

[1] 张燕南.大数据的教育领域应用之研究[D].上海:华东师范大学,2016.
[2] 教育部关于全面推进教师管理信息化的意见[EB/OL].[2017-04-05]http://www.moe.gov.cn/srcsite/A10/s7151/201704/t20170419_302874.html.
[3] 中共中央国务院关于全面深化新时代教师队伍建设改革的意见[EB/OL].(2018-01-31)[2018-11-12].http://www.gov.cn/zhengce/2018-01/31/content_5262659.html.

整体健康度,并预测国家、区域、城乡不同层面和不同类别教师的补充需求,从而合理确定教师培养规模、学历层次和学科专业结构等,为相关部门机构招聘新教师、高校制定招生计划、县管校聘、集团教师流动工作提供可靠的数据依据。

- **师资队伍结构分析**

目前大多数学校仍然是以表格或文本进行教师档案管理,当面临上级督导或教师队伍研究工作,需要进行教师队伍建设等情况时,才会安排师训管理员进行教师数据的收集和统计,这样往往会出现数据的缺失和遗漏,甚至出现教师姓名错误。而要进行数据统计时,又要耗费一番工作,而且呈现的结果基本上是较为初步的人数和比例结构统计,是否能够有效利用数据的价值往往因人而异。

而借助大数据全方位采集信息的优势,无需教师重复在多个系统中进行重复填报,就能促使教师数据由碎片化转向系统化,充分发挥过程性评价的作用。比如,每位教师备课、上课、网络研修、教学反思,以及各种教研活动都会在各类终端上留下数据碎片,当大量的数据碎片被采集、汇总后,就可以对教师专业发展的轨迹做出过程性评估。

基于这些全面、客观并且实时动态更新的数据,能够实现对师资队伍健康度的及时诊断,如发现教师专业结构的合理性、学科优劣势分析、师资的老龄化趋势预警、退休教师提醒等。

- **教师轮岗流动模型**

资源配置公平与效益是我国当前基础教育领域最重要的议题之一,一直受到很多研究者的关注。随着大数据技术的蓬勃发展,通过大数据模型来优化资源配置,为这一类问题提供了新的研究思路和解决方案。教师队伍作为非常重要的教育资源,如何通过教师大数据来科学合理地配置教师资源,对于提升教育公平性、促进基础教育优质均衡发展有着重要的实践意义。

(2) 教师职业发展评估:发现教师的闪光点

教师职业倦怠、职业高原、亚健康等问题一直在困扰着教育管理者,而解决这类问题的关键点往往在教师职业发展初期,做好教师的职业定位和规划,引领和帮助教师实现自我价值,能够有效防止这一类问题的出现。而针对不同类型的教师,往往需要采用不同的策略,因此教师画像模型在这一领域有着不可忽视的作用。

- **新教师招聘**

教师对于学校教育教学工作的重要性毋庸置疑,研究表明,优秀教师指导下的学生,不仅在校期间的学业水平更加突出,甚至在成年后的学习和生活中也会有更加优秀的表现①。因此,遴选适合学校学情的教师对于学校长期的队伍建设以及教育教学工作有着至关重要的影响。

基于教师大数据画像,能够通过算法建立学校学情、教师画像与教师工作绩效产出、职业效能、未来发展潜力等成果因素之间的关联模型,学校或教育机构能够利用该模型对新教师进行有效的预测,从而精准地遴选更有可能在自己学校或机构成功的教师。②

- **教师发展定位**

建立教师数据画像使得对教师发展水平的评估不再是用经验化、单一化的指标衡量,而是对教师整个职业发展轨迹进行具象刻画,从教师的职业素养、教学水平、专业知识、实践技能和教学科研成果等多方面描绘教师个人发展轨迹,教师职业生涯中的发展拐点、发展低谷和发展高峰一目了然。

而建立这样的画像模型,也有助于教师发现影响自我发展的因素,从而对教师个人发展起到扬长避短和科学引导的作用,能够有效实现教师个人层面个性化的职业发展定位,以及群体层面教师队伍可持续化发展的教育治理目标。

(3) 教师专业精准提升:学习资源个性化推送

在宏观上,利用教师队伍大数据,一方面能够研究分析教师素质能力发展现状,分析教师培训需求,从而完善教师培养方案,为优化教师培养课程设置、开发教师培养资源提供有力支持;另一方面,能够研判教师培训工作进展,跟踪评估教师培养质量,为后续制定培训规划、督促培训工作、推进教师培养模式改革提供依据③。

---

① Raj Chetty. The long-term impacts of teachers value-added and student outcomes in adulthood [EB/OL]. http://obs.rc.fas.Harvard.edu/chetty/value_added.pdf [2015 - 5 - 8].
② Jeremy Grant-Skinner. How data-driven strategy, tech can transform teacher hiring [EB/OL]. http://smartblogs.com/education/2015/03/27/how-data-driven-strategy-tech-can-transform-teacher-hiring/[2015 - 5 - 7].
③ 教育部关于全面推进教师管理信息化的意见[EB/OL]. [2017 - 04 - 05] http://www.moe.gov.cn/srcsite/A10/s7151/201704/t20170419_302874.html.

而在微观上,进行教师数据的即时收集和比对分析,完善不同培训需求的教师画像,为参训教师提供个性化的培训服务,能够有效地提升教师的学习投入程度和最终的培训效果。

大数据生成的用户数据画像在互联网领域已经形成了非常成熟的应用场景:基于用户标签进行针对性、个性化的内容分发。而在教育领域,我们也能够基于教师数据画像进行教师的分层分类培训,实现教师专业发展上的精准提升,这也符合国家对于"推进教师培训选学,为教师创造选择培训内容、资源、途径和机构的机会,满足教师个性化发展需求"的方向性意见。

目前全国各地的师训管理平台或教研平台建设已经较为成熟,教师参加线上培训不仅能够获得学分,其在线学习行为轨迹也能同时被记录下来,用于更加深入的画像构建和学习资源推送[1]。

(二) 平台数据体系与算法设计

1. 教师数字画像体系

由于考虑教师数据的可采集性,目前主流的教师数据画像大多包括以下的数据维度(如表4-1所示)。

表4-1 教师画像数据维度

数据维度	维度内容
基础信息	教师的基本信息、教育背景、通讯信息等个人信息
工作经历	教师工作的经历数据,如执教学科、工作量、职务、职称等
专业荣誉	教师获得的各类荣誉奖项、专业荣誉称号等[2]
教育教学	教师带班学生学业表现的现状和增值情况、学生获奖情况[3]、学生评价[4]等

---

[1] 祝珊珊. 基于学分银行平台的个性化推荐应用研究[J]. 现代信息科技,2019,3(23):114—116.
[2] 于方,刘延申. 大数据画像——实现高等教育"依数治理"的有效路径[J]. 高教文摘,2019(06):36—38.
[3] 李景奇,卞艺杰,黄波. 教学大数据监测预警平台设计与应用[J]. 计算机应用与软件,2019,36(01):111—116.
[4] 陈尧. 教师画像与评分系统的设计与实现[D]. 重庆:重庆大学,2018.

续 表

数据维度	维 度 内 容
科研成果	教师科研成果数据,如发表科研论文、专利成果等
对外交流	教师参与市区级公开课、交流、轮岗流动经历等
研修经历	教师参与教研活动经历,如课程学习经历、学分或学时数据(含在线学习行为轨迹数据)等
心理特征	教师的人格特质、心理状态、兴趣爱好、成就动机等①

基于这些维度聚合教师的数据,并经过不同的算法模型找到各种应用场景,有着巨大的应用前景。而在本项目课题中,考虑到服务于集团教师队伍管理,基于国家教师专业发展标准以及教师业务考绩档案正本内容,设计研发教师画像数据字段,具体如下所示。

(1) 基础信息

表4-2 基本信息数据模板

填报模板名称	表 单 信 息
基本信息	姓名
	性别
	身份证号码
	师训号码
	出生年月
	党派
	何时参加党派(年月日)
	民族
	籍贯
	参加工作时间(年月)
	参加教育工作时间
	进入本单位年月(年月)

---

① 胡小勇,林梓柔.精准教研视域下的教师画像研究[J].电化教育研究,2019(7):84—91.

续 表

填报模板名称	表单信息
联系方式	手机号
	家庭住址
家庭信息	孩子出生日期(年月)
个人简介	兴趣爱好

(2) 工作信息

表 4-3　工作信息数据模板

填报模板名称	表单信息
当前任教学科	当前任教学科
	周课时数
校内当前职务	校内当前职务
专业技术职务(职称)	批准日期
	专业技术职务
	资格证书发证单位
	证书编号
外语水平	语种
	能力
学历情况(工作前学历)	学校名称
	所学专业
	是否师范专业
	学制
	修业年限
	学历
	学位
	毕肄结业日期

续 表

填报模板名称	表 单 信 息
学历情况(工作后学历)	学校名称
	所学专业
	是否师范专业
	学制
	修业年限
	学历
	学位
	毕肄结业日期
教育教学工作经历	起止年月
	何地何校
	任教学科
	任教年级班级
	周课时数
	任何年级班级班主任
	校内担任职务
	任教班级学期平均分
进修情况	进修类别
	起止年月
	进修校名
	脱产或业余
	课程名称
	学期学习时数
	完成学分
	证明材料
参加学术团体	日期
	名称
	职务
自主开发或承担校本课程情况	课程名称
	课程类型

续　表

填报模板名称	表单信息
	课程性质
	课程经验
	课程简介
	课程适用年级
	课时数
集团内教师流动	集团内流动时间
	集团内流入学校
	集团内流动考核结果(等第)
其他流动情况	流动项目名称
	流动时间
	流动地点
12月杨浦区事业单位对教师的年度考核(德能勤绩)结果	年底总评结果
	评价时间
6月全市统一考核教师专业技术(19项指标)结果	期中总评结果
	评价时间

(3) 奖惩信息

表4-4　奖惩信息数据模板

填报模板名称	表单信息
专业荣誉称号	荣誉名称
	称号有效期
先进称号	证书或奖状内容
	获奖内容
	获奖日期
	主办方
	级别

续 表

填报模板名称	表 单 信 息
教育教学比赛	证书或奖状内容
	获奖内容
	获奖日期
	主办方
	级别
少先队荣誉称号	证书或奖状内容
	获奖内容
	获奖日期
	主办方
	级别
指导学生获奖	证书或奖状内容
	学科
	获奖内容
	获奖日期
	级别
教科研	证书或奖状内容
	获奖内容
	获奖日期
	级别
文章发表	文章标题
	期刊
	主办方
	级别
处分情况	批准日期
	处分及原因
	批准单位
	发文编号
	审核人

2. 教师专业成熟度算法模型

教师成熟度是指教师实现个人职业成熟的水平,这种职业成熟是在获得身心发展一般意义上的成熟后进行的。教师成熟度的指标有多方面,如教师在知识结构上的改组、教学经验的丰富、教学能力的提高和个人品质方面对教师工作的适应等。教师成熟度的发展受多种因素的制约,与人的年龄、教龄、实践经历等都有密切的关系。①

国内学者对于教师专业成熟度和教师职业成熟度的界定基本上趋于一致,结合教师的职业特点以及学校组织的特点,本课题在前人研究的基础上,将教师成熟度分为专业成熟度和心理成熟度两方面。

专业成熟度主要体现在教师的教学知识、经验和能力等专业知识、技能方面,即教师对专业领域的敏感性及钻研精神,对专业知识和专业技能方面的理解力、主动性,教学方法的灵活性、适用性,教育内容的丰富性、启发性,科研意识与科研能力,教学研究、教学评价、教学反思能力等。

心理成熟度主要意味着更高的组织适应程度、职业兴趣和成就感,包括教师选择职业的需要、动机、兴趣、情感、意志;日常工作中体现的合作性、独立性、责任感;专业发展中的自我意识、组织适应及沟通能力、寻求合作与帮助的能力、挫折承受能力等。②

而在本课题中,由于集团教师流动工作更看重教师在专业教学方面的交流与提升,因此此处以教师专业成熟度作为实现师资最优配置的主要指标。在专业发展方面,理论研究成果较为丰富。福勒和布朗根据教师的需要和不同时期的焦点问题将教师的发展分为关注生存、关注情境和关注学生三个阶段;而斯腾伯格则认为,教师专业发展的方向就是成为一名专家型教师,教师的发展过程就是由新手到专家的过程。此外,伯林纳的教师专业发展五阶段论也提出了教师教育专长的发展过程是新手到专家的发展路径,具体包括五个阶段:

阶段一:新手

新手阶段是教师获取教学所需知识和技能的阶段。在教学方面,新手教师除

---

① 车文博主编.心理咨询大百科全书[M].杭州:浙江科学技术出版社,2001:648.
② 毕婧婧.基于教师专业发展的教师成熟度研究[D].北京:首都师范大学,2013.

了要学习一些具体的概念,还要学习一些教学情境下的应对规则。新手阶段是一个获取经验的阶段,在这一阶段,现实的、亲身的体验比口头获得的信息更重要。

阶段二:高级新手

在这一阶段,教师将自己的实践经验与所学的知识联系起来,并能找出不同情境中的一些相似性,有关情境知识也在增加。随着实践经验的逐步增加,个体可以忽略或打破一些规则,这意味着教师策略知识发展了。这时,个体开始依据具体的情境来指导行为,教学行为开始变得灵活。

阶段三:胜任

此阶段的教师能按个人想法自由处理事件,依据自己的计划,对所选择的信息作出反应,并能够对所做的事情承担更多的职责,能强烈地感受到成功与失败的体验,也对成功和失败有着更深刻的记忆。

阶段四:熟练

在这一阶段,教师对课堂教学情境和学生的反应有敏锐的直觉力。他们从不同的教学事件中总结共性,形成事件间的模式识别能力,故他们往往能够准确地控制课堂教学活动与预测学生的学习反应。正是由于这种模式识别能力和反省认知能力的形成,熟练水平的教师能根据课堂教学的进行及学生的学习反应,及时调整自己的教学计划和控制自己的教学活动。

阶段五:专家

在处理课堂教学事件时,专家水平的教师不是以分析和思考的方式有意识地选择控制自己的注意力和教学活动,而是以直觉的方式立即做出反应,并轻松、流畅地完成教学任务。针对复杂程度不同的教学情境,他们会采用不同的处理方式:当不熟悉的教学事件发生时,他们进行有意识的思考,采用审慎的解决方法;当教学事件进行得十分流畅时,他们的课堂行为就成为一种"反射性的行为"。

综上可以看出,虽然各个研究者所关注的角度不同,对教师专业生涯发展阶段的划分不完全一致,但是我们可以从中看出教师专业发展的一些基本特点:教师专业发展各阶段都有自己独特的发展需要和必须完成的任务;各个阶段之间是连续的,且大部分研究都按年龄顺序排列,前一阶段是后一阶段的准备或发展的先决条件,在后一阶段的发展中则需要回顾、检视前一阶段的成果和作用。①

因此,基于教师流动管理平台所积累的教师个人基础信息和档案数据,本课题挑选教师的教龄、职称级别、专业荣誉称号级别作为教师专业成熟度的计算指标。如图4-2所示,其中,教龄反映了教师在专业发展上的实践经验和阅历,职称级别和专业荣誉称号的级别则反映了教师在教学工作、教科研工作等专业成长方面的突出表现。这3项指标由集团内部中高层访谈调研以及外部专家论证而得出,一方面是由于这些指标都是硬性指标,确实是教师专业发展生涯路径上的重要外显指标;另一方面,这些指标也是基于现阶段数据积累情况下可直接采集获得,并可以进行赋权计算的指标。

图4-2 基于硬性指标的算法试行

而对教师个人专业成熟度的具体计算方法是:对每一位教师,按照其在教龄段、职称级别、专业荣誉称号等级进行分别赋分并加权计算,计算出其个人的专业成熟度得分。

之后,对每一所学校的师资队伍按照五档分值进行分档,分为了A、B、C、D、E五档,分别对应柏林纳的教师成长五阶段模型(如图4-3所示)。算法经过不断的校验调整后,计算结果显示,E档对应新手,大多为职初教师,C档大多为区骨干、

---

① 韩歌萍.教师职业生涯发展阶段论[J].理论导刊,2008(11):116—117,124.

区骨干后备教师,A档大多为区学科带头人、区名师,这一结果得到了集团各成员校中高层的一致认同。

按照专业成熟度算法为教师添加分档标签

教师专业成熟度得分 = 教龄等级赋分 × 教龄权重
+ (专业荣誉等级赋分 + 专业荣誉等级附加分) × 专业荣誉权重
+ (职称等级赋分 + 职称等级附加分) × 职称权重

教师专业成熟度分档
A档（优秀） [10-6.5]
B档（较优） [6.5-4.7]
C档（一般） [4.7-2.5]
D档（较弱） [2.5-1.5]
E档（薄弱） [1.5-1]

参考来源:柏林纳的教师成长五阶段——新手期、高级新手期、胜任期、熟练期、专家期

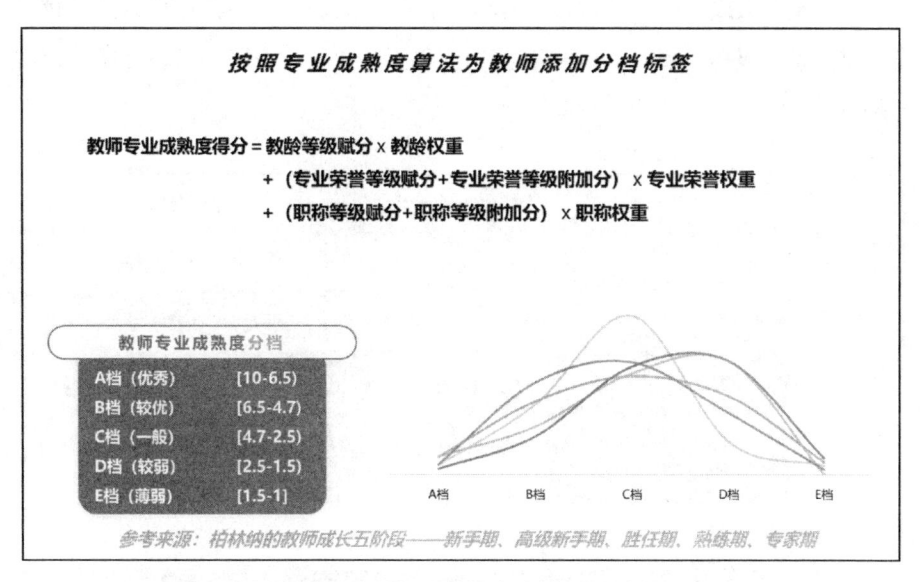

图4-3 按照专业成熟度的分档

3. 学校学科成熟度算法模型

学校的学科特色和优势的基础就是一支卓越的教师队伍,通过流动实现教师梯队的向好变化也是教师流动工作的重要目标,那么,如何衡量教师流动工作对于学校整体师资力量形成了积极影响呢?

研究发现,学校的教师梯队建设需要从两大方面着手[①]:

其一,尊重教师梯队建设的需求性与培养目标的科学性

将教师梯队培养任务与学科建设紧密结合,注重"传、帮、带"的效应,鼓励青年教师专注教学与科研的同步发展。

其二,注重教师梯队考核的合理性与机制的健全性

从专业和学科建设的宏观目标出发,建立健全梯队考核的科学考评机制,注重学科特色与教师能力培养的协调。

为了通过教师流动工作来优化不同成员校的梯队发展,需要形成从梯队建设

---

① 尹贞姬.教师梯队考核体系的优化探索[J].教学与管理,2013(12):28—30.

到梯队考核再到梯队建设整体再上一个台阶的闭环。而接下来首要的工作就是解决如何衡量梯队发展发生了变化的问题。如图4-4所示,我们使用集团各所成员校的教师个人成熟度的数据,结合学科、教师发展阶段来综合计算每所学校各个学科的整体成熟度数值,从而支持集团内部不同成员校在不同学科之间的流动互补。

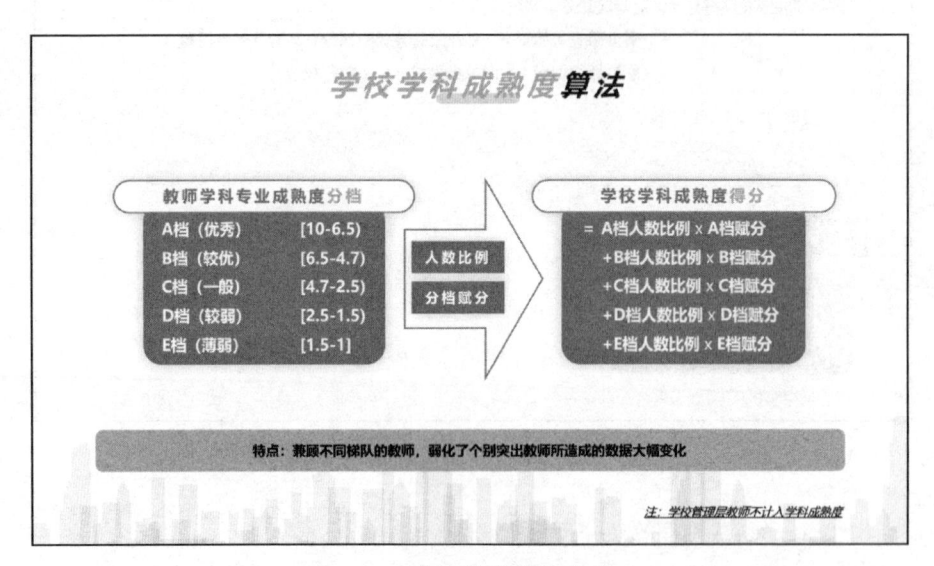

图4-4 学校学科成熟度算法

基于计算结果,形成每一所学校在各个学科上的学科成熟度得分,进行比对,并不断进行模型调优,最终得到了集团成员校中高层的认同,确定了该算法模型作为计算学校学科成熟度的依据。

4. 教师流动均衡匹配算法模型

如图4-5所示,以往教师流动工作的开展往往伴随着自上而下的行政要求和自下而上的主动意愿,而非科学地评估哪一位教师需要流动,哪门学科应该流动等问题。而在本课题中,需要结合数据来分析呈现如何通过科学的供需关系和师资的最优配置,在集团内通过流动来实现整体的教育均衡目标。

如图4-6所示,均衡匹配原理为:学校的优势学科流出优势教师,优势小幅减小,而另一所学校的薄弱学科流出薄弱教师,流入优势教师,该薄弱学科变为一般学科。

图 4-5 基于科学供需关系及师资最优配置的平台优化

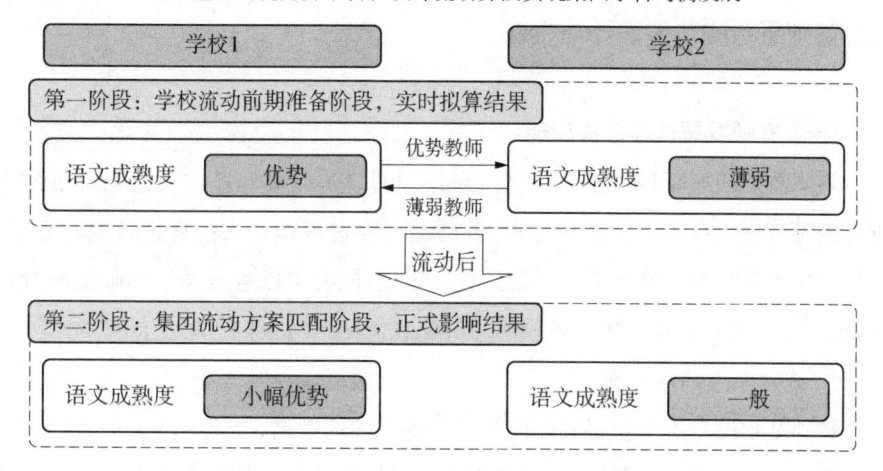

图 4-6 均衡匹配原理基础示意图

该流动均衡匹配算法需服从以下四项原则：

(1) 流动人数匹配原则

- 各校各学科流入流出人数必须相等；
- 教师人数/骨干比例必须达到集团标准；
- 每所学校各学科流出的教师人数≤其他各学校的需求人数总和,否则即为

第四章　教师流动管理平台开发与实践　63

超额,需学校调整计划。

(2)"均衡算法"原则

● 在同一学科内,教师与学校按照学科成熟度进行反向匹配;

● 同时,在每个学校的弱势学科中,流入教师一定比流出的好,优势学科中,流出的一定比流入的好。

(3)优势保持原则

● 各学校优势学科流动后仍保持一定优势,弱势学科缩小与平均水平的差距。

(4)线下沟通、线上调整原则

● 若学校未能成功派出方案中计划的教师,则按实际情况到平台上修改之前的流动计划,系统将自动进行方案的再次匹配调整,一切操作都需要留下数据记录,从而支持算法模型的自动优化。(如图4-7所示)

二、管理平台的功能设计与实现

(一)教师发展档案模块功能

集团教师档案管理功能主要是实现集团对成员校教师基本信息与师资配置进行统筹管理。在集团管理平台中,教师端主要对教师个人信息进行及时更新;成员校端主要对教师的各类更新信息进行审核,同时可以查看本校的师资配置情况;集团端主要查看整个集团各校的师资配置情况。(如图4-8所示)

1. 教师个人档案管理

教师基本信息主要包含成员校全部在编教师的姓名、性别、年龄、教龄、职称、政治面貌、工作信息、奖惩信息、教科研成果等信息的汇集。平台共有3条路径完善教师档案:**数据导入、教师填报+管理员审核、管理员助填。**

● 数据导入

数据导入主要通过数据模板进行教师账号的开通和教师初始基础信息的导入。

● 教师填报+管理员审核

该流程主要通过两步来完善教师正式的档案数据:

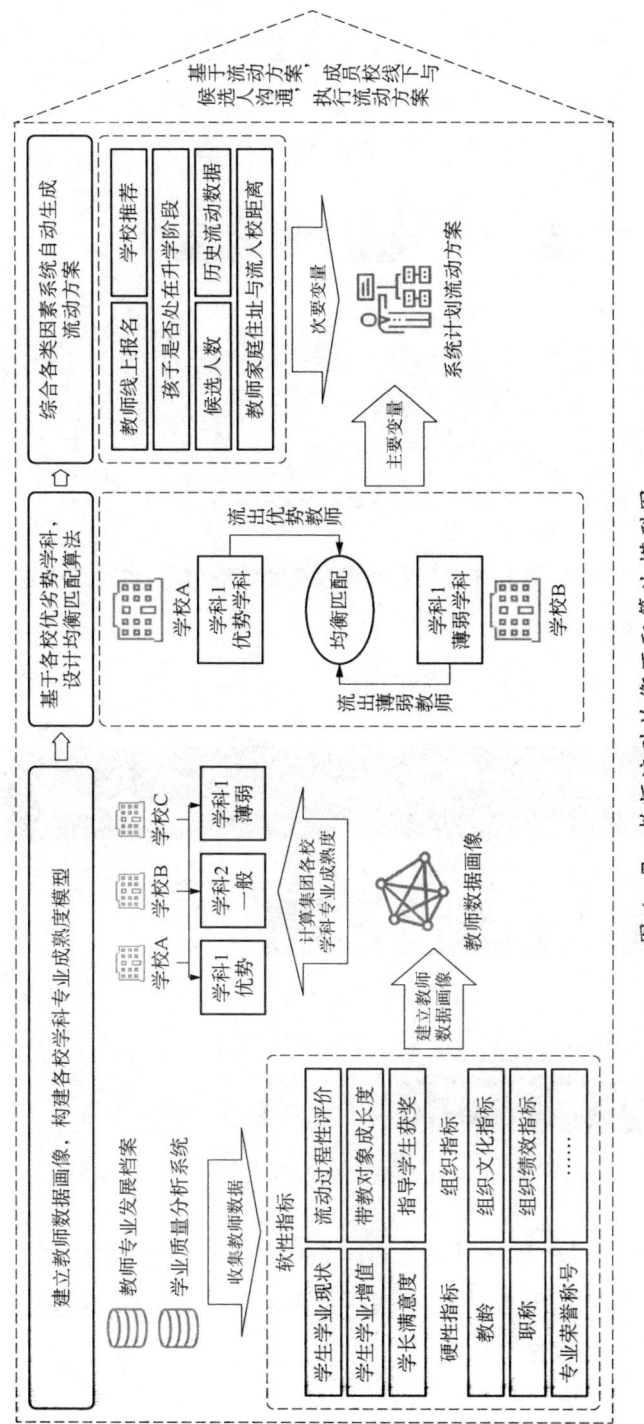

图 4-7 教师流动均衡匹配算法模型图

第四章 教师流动管理平台开发与实践 65

图4-8 平台的三类角色：集团、学校、教师

第一步，教师可在 PC 端上进行个人档案数据的维护更新，填写后则进入待审核的状态。（如图4-9、4-10所示）

图4-9 教师工作台界面

第二步，管理员可以在 PC 端进行教师档案的审核工作，确保数据准确性。审核通过后，教师填报的档案数据才真正入库，进入各类页面呈现以及模型的计算中。（如图4-11、4-12所示）

图 4-10 教师更新个人档案界面

图 4-11 管理员审核教师档案界面

第四章 教师流动管理平台开发与实践 67

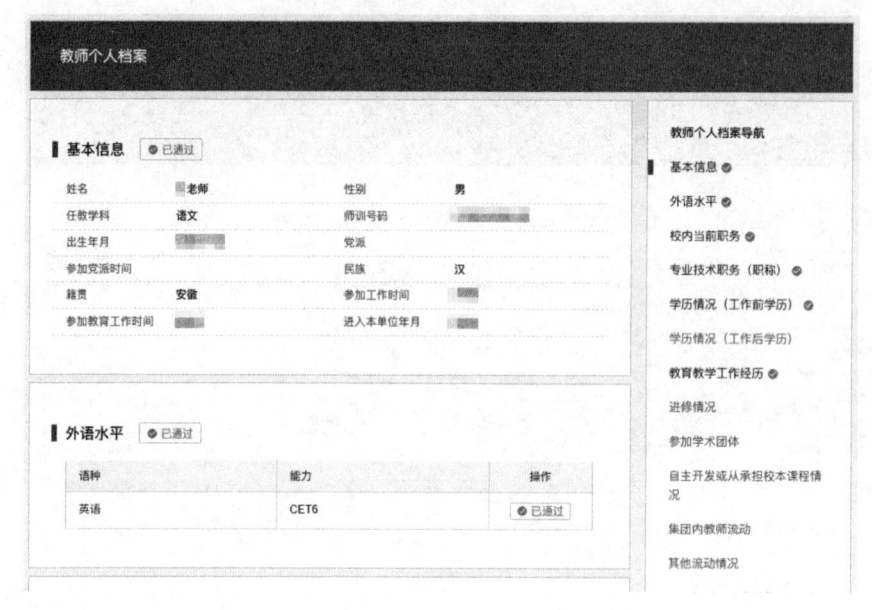

图 4-12 审核通过后的教师档案状态

- 管理员助填

管理员助填主要发生在教师的初始信息以及较为敏感的奖惩信息的填写完善场景。(如图 4-13 所示)

图 4-13 管理员助填教师个人档案

68 集团教师的"铁"与"流":教育均衡视角下的教师流动机制研究

2. 师资队伍分析

通过师资队伍结构分析功能对集团或各校师资队伍结构现状进行可视化呈现,包括学科分布、年龄分布、教龄分布、职称分布、梯队分布、流动分布等情况,便于集团管理层对整个集团的教师队伍情况有更直观的了解,以便开展相关决策。

基于这些全面、客观并且实时动态更新的数据,能够实现对师资队伍健康度的及时诊断,如发现教师专业结构的合理性、学科优劣势分析、师资的老龄化趋势预警、退休教师提醒等。(如图 4-14 所示)

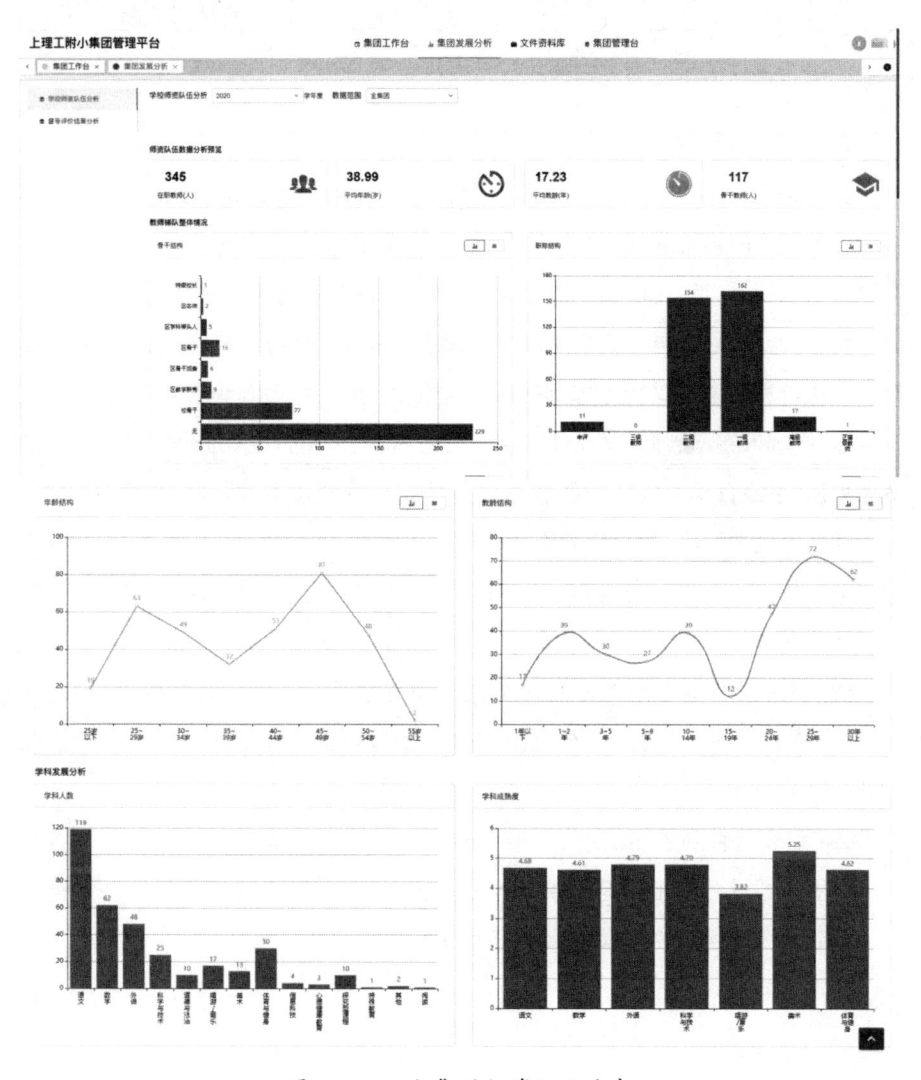

图 4-14 全集团师资队伍分析

（二）教师流动管理模块功能

在本项目中，集团教师流动管理功能主要是实现集团教师流动工作的制定、发布、报名、审核、流动过程性管理与阶段性评价等功能，便于对集团各成员校及流动教师的管理。其中，集团教师流动的一系列工作发布在集团教师流动管理功能中的系统化流程。（如图4-15所示）

集团发布流动工作 → 成员校申报流动需求 → 集团统筹流动名额计划 → 教师开启流动报名 → 成员校/集团审核流动教师 → 教师流动档案填写完善

图4-15 教师流动管理业务流程

1. 流动方案生成

在系统建设过程中，首先收集了集团所有教师的个人数据，形成教师画像，并基于教师画像的多维数据（如教龄、职称、专业荣誉称号、指导学生获奖、家长满意度等），构建学科成熟度模型。依据这一模型，判断集团各所学校的优势学科和薄弱学科，并通过AI算法，实现教师在集团各个优势/薄弱学科之间的均衡匹配。算法在执行过程中不仅会考虑到匹配的均衡性，也会综合考虑教师线上报名、学校推荐、候选人数、教师家庭住址与流入校距离、孩子是否处在升学阶段等多维的参考数据，最终自动生成一份能够有效落地执行的流动方案，并交由各所学校进行流动教师挑选，开启新一轮的流动。

下面三张图为平台的流动方案生成界面，可以查看三部分内容，分别为：

（1）流动人数指标达成情况与优势薄弱学科情况

流动人数指标达成反映了集团本次流动方案是否达到了政策要求的人数标准，并反映出了每一所成员学校流出的优势教师和薄弱教师的学科和人数情况。（如图4-16所示）

（2）可视化教师流动轨迹

该图表通过可视化的方式直观呈现了每一所学校流出的教师是什么学科，并且流入到了哪一所学校。（如图4-17所示）

图 4-16　系统自动生成的流动方案的流动人数指标达成情况与优势薄弱学科情况

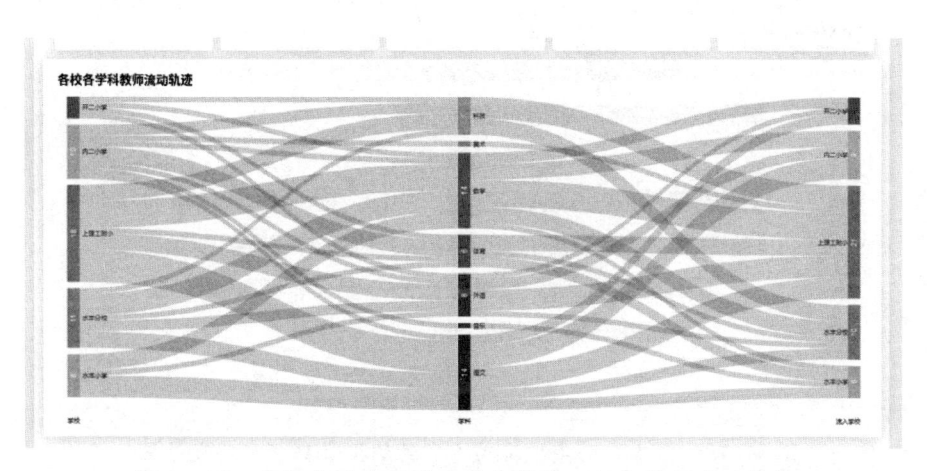

图 4-17　系统自动生成的流动方案的可视化教师流动轨迹

(3) 均衡数据指标达成结果

均衡数据指标达成情况包括三组数据图表，如图 4-18 所示。

这三组图表分别为：

① 成熟度极差变化情况

极差也是用来评价一组数据的离散度的统计学指标。学科成熟度极差是指

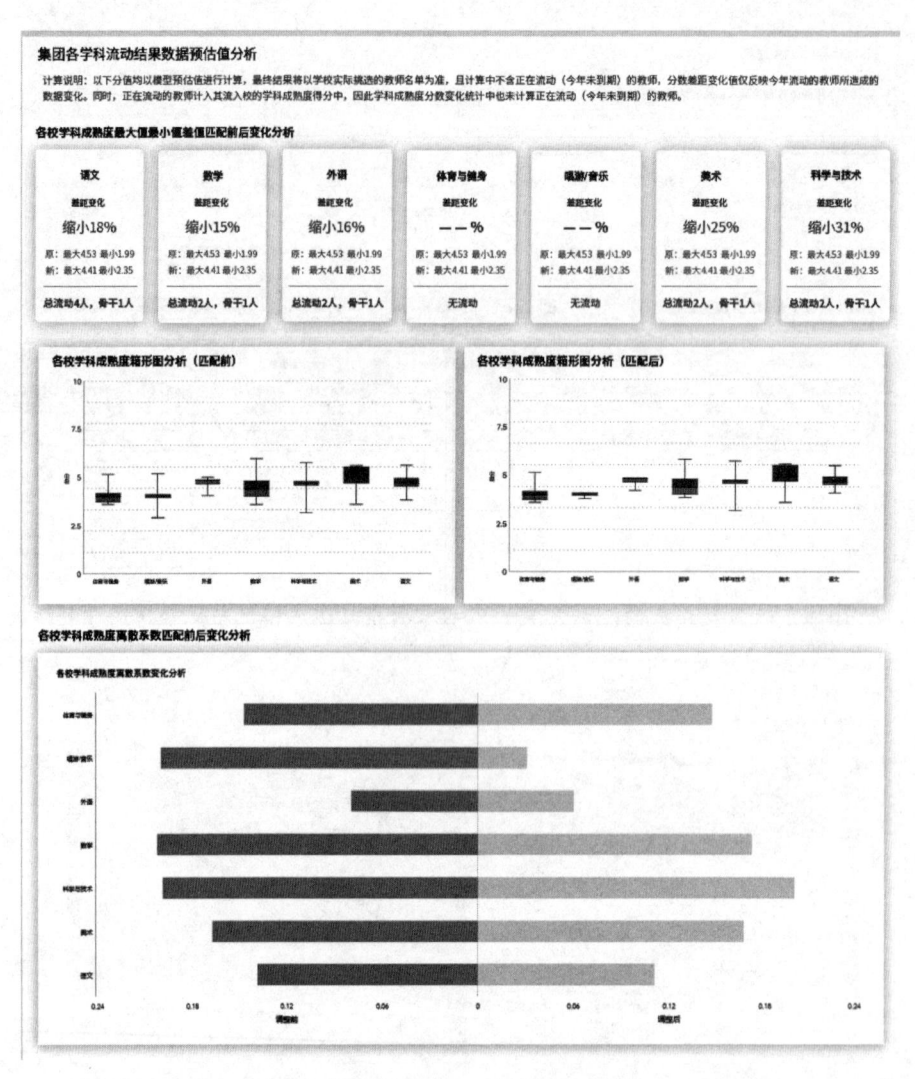

图 4-18 系统自动生成流动方案的均衡数据指标达成结果

在单个学科上，学科成熟度最高的学校分值减去最低的学校分值，这个数值反映了该学科集团的优势校和薄弱校的差距有多大。

② 成熟度箱形图前后变化对比

箱形图直观反映了在每一个学科上，5所学校之间成熟度的前后变化情况。

③ 成熟度离散系数前后对比

离散系数是测算数据内部离散程度的相对指标。如果在同一个学科的成熟度水平上,集团 5 所学校间的离散系数越大,则代表集团内部在这个学科上的发展水平越不均衡。而离散系数下降,则代表着在该学科上,集团各成员校之间的均衡度提升。

可见,通过系统算法,集团能够在平台上直观地看到流动方案的预测结果,如集团优势弱势学科之间的师资流动轨迹,集团各学科成熟度的最高分和最低分的差值变化幅度、各学校之间均衡程度的变化幅度。基于这些数据图表结果提供的决策支持,集团能够进行相应的方案调整和统筹协调,从而优化流动方案。

未来还可以将流动教师考评结果纳入到算法模型当中,帮助集团更有效地掌握每一年的教师流动工作成效,不断地优化流动均衡匹配模型的算法。

2. 流动手册过程性记录

流动工作开启,将通过平台的流动手册过程性记录功能来沉淀教师流动经历数据,优化教师流动机制。

流动手册内容主要包括:流动计划、流动经历记录、流动总结、流动考核自评四部分内容,手册填写工作主要分为三个阶段(如图 4-19 所示):

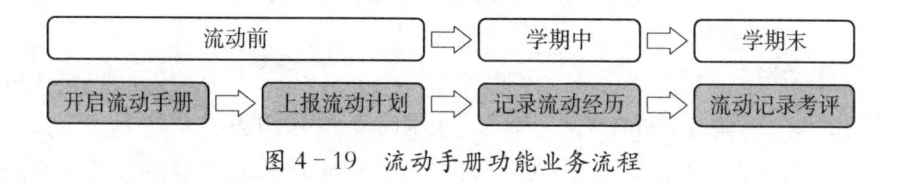

图 4-19 流动手册功能业务流程

(1) 流动前

流动前,流动教师需要完成两项工作内容:

• 开启流动手册

每一轮流动工作开启时,平台上都会为参与流动的教师自动开启流动手册的入口,流动教师可以随时进入,查看手册内容,并进行相应操作。(如图 4-20 所示)

• 上报流动计划

流动教师需要在学期开始阶段,完成本学期的流动计划,流动计划包括流动期间的工作目标、工作内容、以及拟完成的听课、课题、教学展示、专题以及带教工作。

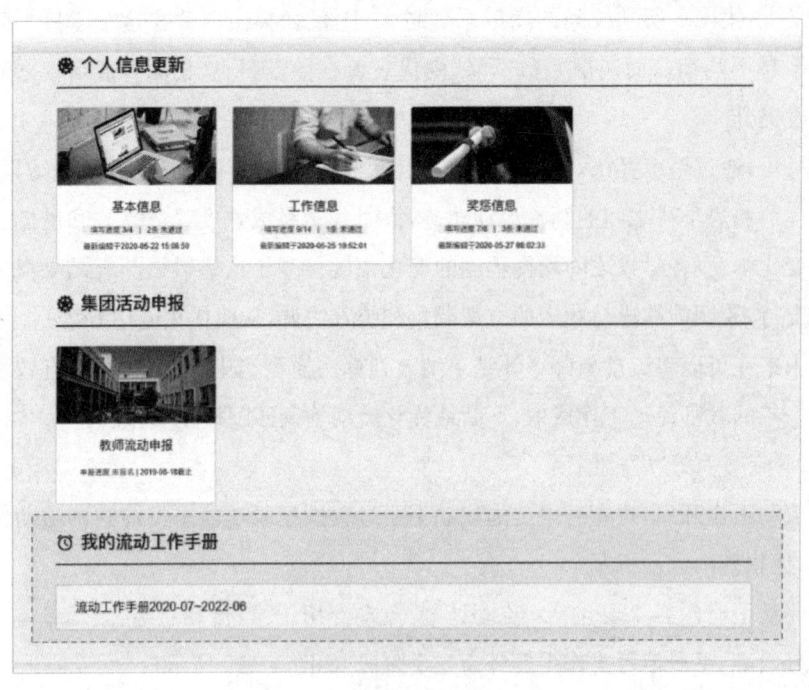

图 4-20　流动教师工作手册界面

(2) 学期中

在学期中,参与流动的教师需要完成记录流动经历的工作:

流动教师在学期中可以随时进行过程性的经历记录,包括联组教研活动记录、听评课记录、开设讲座(报告)、教学公开课情况记录、主持学科教研活动情况记录、教科研成果记录、带教指导情况。

(3) 学期末

在学期末尾阶段,参与流动的教师需要完成流动记录考评的工作:

流动记录考评包括教师自评和学校、集团考核三部分,教师自评包括流动工作总结和流动考核自评两个环节内容。

流动工作总结包括对自己本学期在流入校工作的基本情况、收获体会、问题思考、意见建议以及荣誉获奖情况。(如图 4-21 所示)

流动考核自评是基于集团对于流动教师的考核指标体系进行自评打分,这些自评打分会作为学校和集团评分的重要依据。(如图 4-22 所示)

图 4-21　流动手册-教师填写流动手册内容界面

图 4-22　流动手册-教师自评界面

学校和集团端能够查看到流动教师的流动手册,并可随时查阅流动手册的记录内容,还可以在期末时进行考核打分。(如图 4-23、4-24 所示)

在学期末尾,集团能够基于最新的考评结果(如图 4-25 所示),进行所有流动教师考评数据的汇总和下载导出,便于后续评奖评优工作的开展。

第四章　教师流动管理平台开发与实践　75

图 4-23 集团查看教师流动手册列表界面

图 4-24 集团查看教师流动手册内容界面

图 4-25 集团考评教师流动成果界面

76　集团教师的"铁"与"流"：教育均衡视角下的教师流动机制研究

三、管理平台的运维

(一) 平台操作培训实施

图 4-26　平台三类用户角色入口

平台用户涉及三类角色：集团角色、学校角色以及教师角色（如图 4-26 所示），因此针对相应的用户，采用不同的培训方式。

针对集团角色的用户（比如集团管理团队），采用现场培训的方式进行培训（如图 4-27 所示），培训内容包括：项目背景介绍、平台整体设计思路和功能模块，并通过现场演示的方式进行各项功能点的培训。

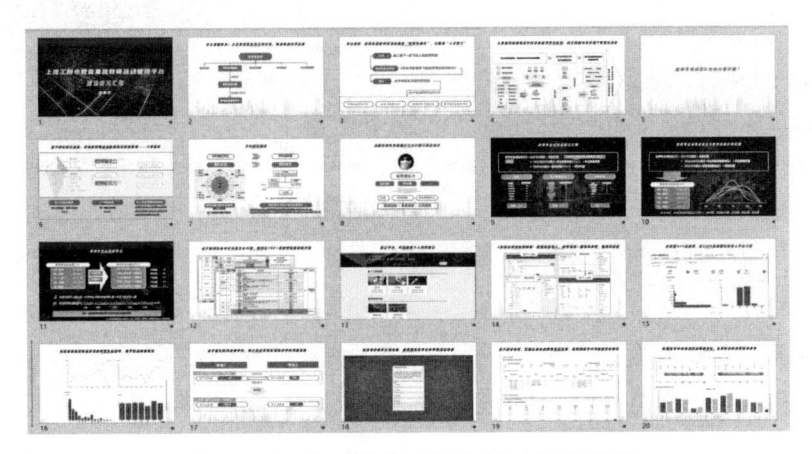

图 4-27　集团角色现场汇报及培训资料

第四章　教师流动管理平台开发与实践　77

针对学校角色的用户(比如各校管理员、校长、副校长)和教师角色的用户(各校教师),按照平台的不同场景功能,分别规划管理员和教师操作培训的内容,并设计操作手册进行发放,同时建立学校管理员工作群,进行日常在线答疑。

学校管理员收到管理员操作手册和教师操作手册后,在校内对全体教师进行操作培训。

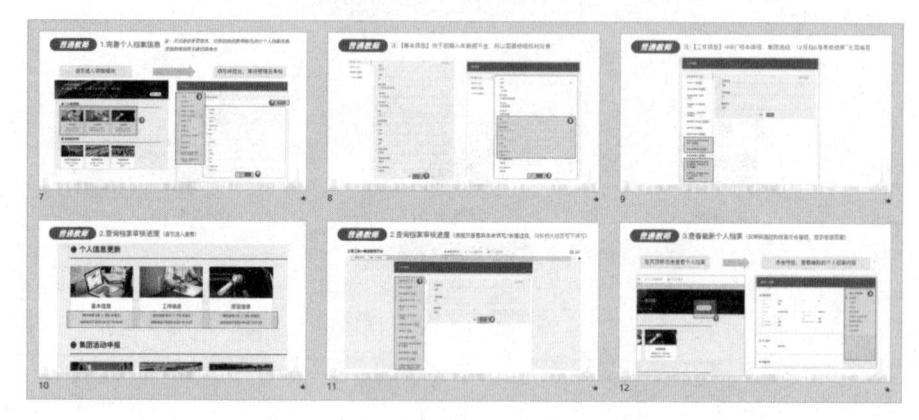

图 4-28　教师档案录入操作培训

图 4-29　学校管理员角色审核教师档案操作培训

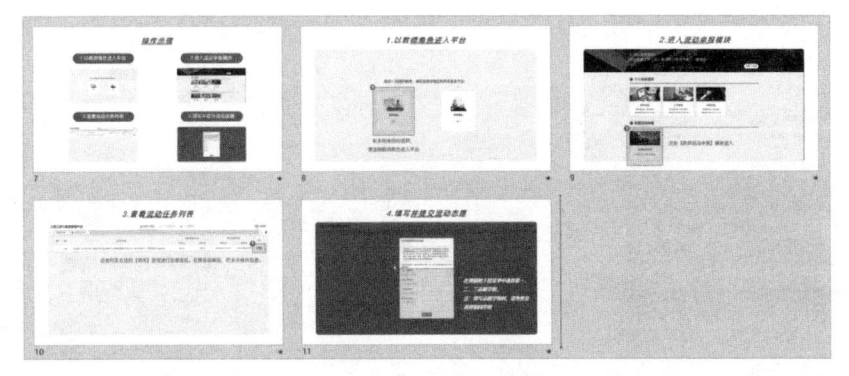

图 4-30　教师报名参与集团内部流动操作培训

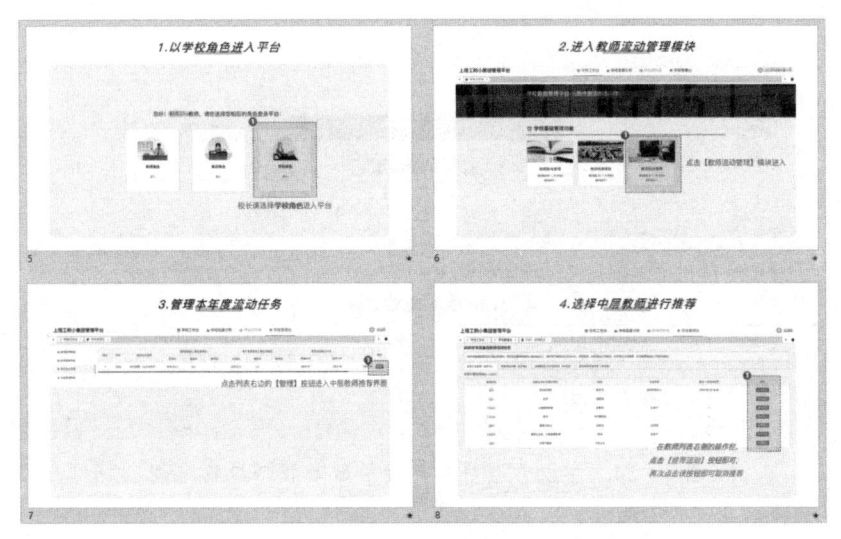

图 4-31　校长推荐中层教师流动操作培训

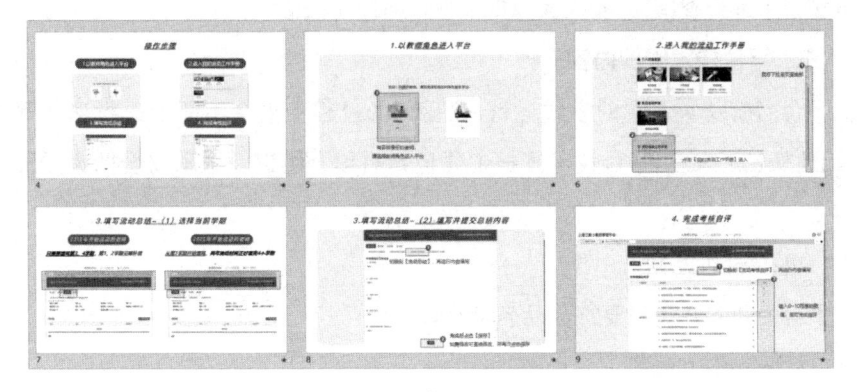

图 4-32　流动教师填写流动计划操作培训

第四章　教师流动管理平台开发与实践　79

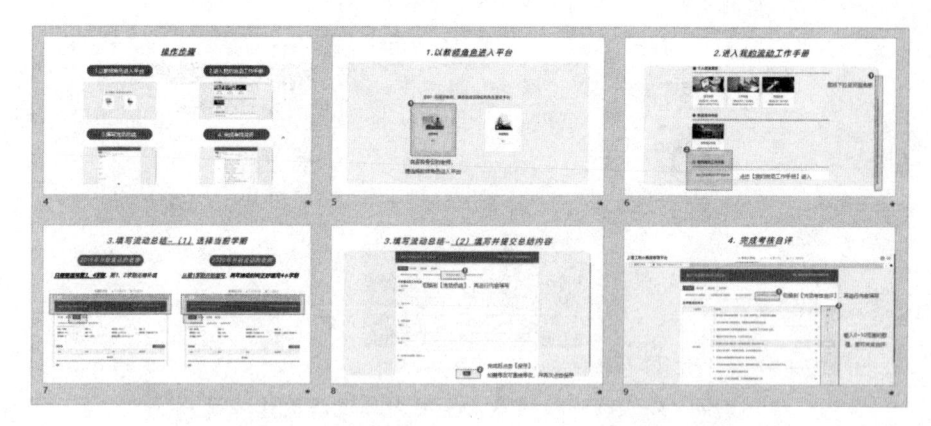

图4-33　流动教师填写流动总结和考核自评操作培训

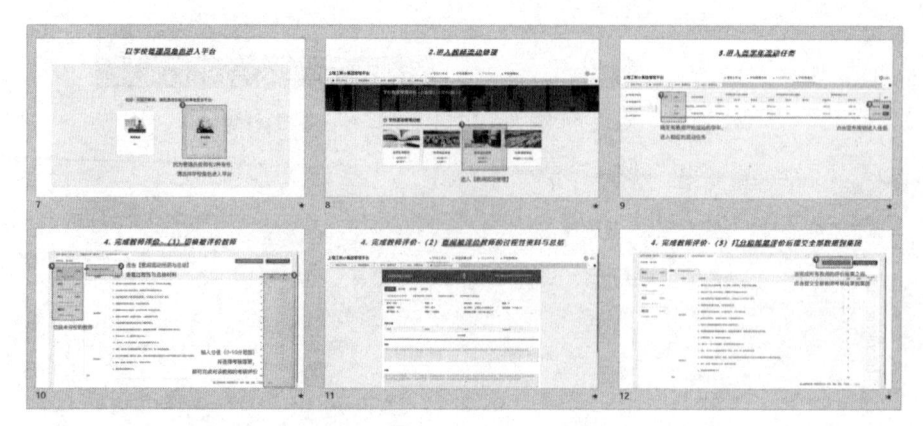

图4-34　学校管理员角色评价流动教师操作培训

各类平台的操作培训内容均以场景进行规划设计，方便各类角色用户在不同业务场景中进行查阅使用，大大降低了平台的操作门槛。

(二) 平台技术维护内容

平台当前以web端的方式运行，在运行的过程中也会不断地进行迭代和使用，因此从长远来看，平台技术维护主要包括后续升级以及数据安全两大方面的内容。

1. 平台升级原则

平台的功能升级需要符合以下四项原则：

(1) 统一设计原则

统筹规划和统一设计系统结构。尤其是应用系统建设结构、数据模型结构、数据存储结构以及系统扩展规划等内容,均需从全局出发、从长远的角度考虑。

(2) 高安全性原则

系统设计和数据架构设计中充分考虑系统的安全性和可靠性。

(3) 可扩展性原则

平台各个终端设计要考虑到业务未来发展的需要,设计简明,降低各功能模块耦合度,并充分考虑兼容性。系统能够支持对多种格式数据的存储。

(4) 易用性原则

平台各个终端提供统一的界面风格,可为每个用户群提供一个一致的、个性化定制的和易于使用的操作界面。

2. 数据安全方案

数据存储采用异地灾备的保护方案,确保数据不会因单节点故障而意外丢失;为保证数据的完整性和可靠性,数据备份策略会使用自动备份的机制来进行全量的常规物理备份,并且启用日志备份机制,确保恢复数据时能恢复到 365 天内的任意时间点的数据状态。

备份策略使用 Backup、Recovery、Storage 等支撑模块。Backup 模块负责将主备节点上面的数据和日志压缩和上传,在备节点正常运作的情况下,备份会在备节点上面发起,以避免对主节点提供的服务带来冲击;在备节点不可用或者损坏的情况下,Backup 模块会通过主节点创建备份。Recovery 模块负责将静态资源服务器上面的备份文件恢复到目标节点上。Storage 模块负责备份文件的上传、转储和下载,备份数据全部上传至静态资源服务器进行存储,以起到高可用的安全备份效果。

第五章
流动的不同层次与案例分析

一、教师流动的不同层次及其任务

（一）教师流动层次的划分

在上理工附小教育集团，教师流动是一个逐步深化的过程。在这个过程中，大致包含了任务驱动、项目带动、群校联动等表现形式，来不断优化集团教师流动的量与质。教师流动的层次划分及任务目标也在不断的实践中清晰。

1. 按教师个人的教育年限分层

根据伯林纳的教师专业发展五阶段论，将教师发展大致分为五个阶段：新手阶段（教龄1—2年）、高级新手阶段（教龄2—3年）、胜任阶段（3—5年）、熟练阶段（5年及5年以上）、专家阶段（8—15年，无绝对）。在集团教师分层流动实践的初期，按照伯林纳的理论，进行"教育年限"分层法，是学校常用、操作较为简便的方法之一。

实践中，我们发现这种分层方法的优点在于：兼顾各个教育年限的教师年龄、心理特点，有利于针对某一阶段培养目标进行较为系统的理论与岗位培训，同时青年教师的成长会更明显些。不足在于：由于仅仅是按教育年限分为不同层次，没有比较明晰的发展目标，教师个体对于流动的目的、意义认识又参差不齐，对于部分教师来说，容易降低参与流动的积极性。

2. 按教师个人的专业成熟度分层

相比较而言，项目带动式的流动更有利于激发教师的积极性与创造性。因为从教师专业发展的角度，我们其实都会经历这样五个时期：第一阶段，专业适应与过渡时期：这一时期的教师，由于对学校各方面的情况了解甚少，对职业角色要求和规范所知有限，对于与实际工作密切相关的专业知识、经验和技能掌握不多，因而碰到的困难大多与如何适应并完成常规的教学工作和管理工作有关。第二阶段，专业形成与成长期：这一时期教师逐渐适应了自己的工作，开始形成简单的教育观念，并初步了解实际的教育教学工作。第三阶段，专业突破与退守时期：由于长年累月固定的教学程式或一成不变的教育教学情境，这时，教师对职业的新鲜感和好奇心开始减弱，使得一些教师可能觉得自己的技能和绩效都停滞不前了。第四阶段，专业补给更新期：这一时期教师应积极参加专业继续教育，要以科学的发展观为指导，坚持可持续发展的道路，学会自我超越，要有与时俱进开拓创新的精神。第五阶段，专业成熟期：成熟时期的教师表现出明显的稳定性特征，同时也因其资深的工作经历、较高的教学水平和较为扎实的理论功底，专业达到了成熟状态，成为领军人物。

随着集团教师流动的实践深入，学校会更多地选择按照成熟度对流动教师进行分层。我们大致把流动教师分为：(1)适应期教师(可以理解为初步胜任教师岗位、尚缺乏研究能力的教师，如普通教师、校级新秀教师)；(2)成长期教师(可以理解为实践总结性或逐步向研究型转变的骨干教师，如校级骨干、区级骨干)；(3)成熟期教师(可以理解为研究型或专家型教师，如市区级学科带头人、学科名师)。

集团的流动实践也证明，教育年限与专业成熟度并不一定是正比关系，它取决于学校支持度、课程开发度、教师个人基础能力、研究态度等多方面因素。因此，根据教师的专业成熟度来划分流动教师，相对更加科学，并因其有相对一致的专业发展目标，从而鼓励教师在流动的平台上一样能够坚持自己原有的研究目标或者在团队中形成新的共同研究的课题，对于教师个人的专业发展帮助比较大。

3. 按流动学校的内涵建设需要分层

在流动教师分层的实践中，按照学校的内涵建设需要分层属于一种个性化的分层方式。这种方式主要是以集团发展目标为核心，依据集团不同阶段的发展需要、集团校的不同发展需求，集合集团的优质教育力量，致力于集团理念目标的达成优化实践、教育教学管理优化的实践研究、教师学生发展优化的实践研究等新的综合教育改革的热点、重点项目建设。

因而，一般来说，参与其间的流动教师专业成熟度普遍较高，或者有一定的教育教学管理经历。结合集团内涵发展目标,我们可以分为教学发展类(学科骨干)、特色发展类(特色课程的开发、执教者)、学校管理类(中层干部)。

这样的分层方式,最大的优势在于"强长板,补短板,优势互补",最终达到集团各校均衡发展的目的。通过流动,一方面是发挥展现了各自学校管理、教学的理念与独到做法,一方面互相学习、借鉴,在融汇贯通的过程中提升学校的综合实力。这种方式也正在得到越来越多集团学校的青睐与重视。

(二) 不同层次教师流动的目标及任务

在上理附小教育集团,我们着眼教师流动的"变"的动态发展与"质"的稳定提升,努力实现核心校与集团校在办学理念价值观、教育教学实践观、学校现代治理观等多层面的协同与融合。这种协同与融合,同样体现在了对于不同层次教师流动的培养与管理中,助力流动教师与教育集团的共同成长与健康发展。

1. 青年教师流动的目标及任务

(1) 青年教师流动的目标:促进青年教师职业价值实现

马斯洛理论把需要分成生理需要、安全需要、社交需要、尊重需要和自我实现需要五个层次。依次由较低层次到较高层次,从教学管理角度或教师专业发展角度来看,青年教师对于在新的教师岗位上能够从陌生到胜任,从稚嫩到初步成熟,有着较强的自我实现的需要。

基于青年教师的自我实现、自我发展的强烈需求,以及学校发展的实际需要,我们把青年教师流动的目标定位为"加强教学实践、学习教学策略、积累教学经验、胜任教师角色、体现职业价值"。

(2) 青年教师流动的任务:学习、实践、再学习、再实践

对于流动的青年教师来说,主要任务的核心词就是"学习+实践"。能把过去所学的知识与现在所遇到的问题相联系,生成新的处理问题的经验,并且已经能够初步认识到不同教学情境的相似性,能灵活运用一些教学策略来调节和控制自己的行为,教师的角色行为越来越职业化。青年教师需要向教材学、向师父学、向同行学,在课堂中实践、在课堂外摸索、在问题与问题的解决过程中,逐渐发展成为胜任教师岗位乃至成熟初期的教师。

2. 成熟教师流动的目标及任务

(1) 成熟教师流动的目标:集团教育教学经验的中流砥柱

成熟教师是教师群体的中坚力量,这批老师通常能表现出如下特质:教学目的性相对明确,能够选择有效的方法达到教学目标,对教学行为有更强的责任心,能基于一定的教育教学规律,按个人想法处理与解决教学事件,也能依据自己的计划对教学情境做出反应。更为优胜者,对教学情境的变化具有灵敏的反应能力,对学生的需求具有敏锐的直觉力,同时能从不同的教学事件中总结共性、形成模式识别并对自己教学过程进行反思。教学行为已经可以达到流畅、灵活的程度。因此,对于成熟教师流动的目标,我们定位于"夯实教学实践、丰富教学策略、研究总结经验、提升职业成熟度、追求专业化发展",成为学校或校级以上层级的骨干教师。

(2) 成熟教师流动的任务:实践、研究、再实践、再研究

依据成熟教师流动的目标,他们的任务较之青年教师,最大的不同就在于从"学习+实践"逐步向"实践+研究"的转型。从教学本体来说,能够掌握学科课程标准,独立分析教材内容,并逐步把握学科知识体系;比较熟悉教学过程的基本环节,能有意识和目的地开展教学工作。同时,更注重开展教育教学的研究。积极开展个人课题、备课组课题、校级及以上课题的研究,并初步形成个人或团队成果(论文、研究报告等)。能初步建立符合个人教学需求的学科资源库,在实践与研究的过程中,不断提升自身的综合素养。

3. 骨干教师流动的目标及任务

(1) 骨干教师流动的目标:发挥引领薄弱校改进的作用

骨干教师,尤其是区级以上的骨干教师(含区骨干、区学科带头人、区名师、特级教师等),他们的目标定位很清晰,就是从研究型教师向专家型教师逐步转型。优秀者成为省市级骨干教师。

当然,这个过程绝不是一蹴而就的。从骨干教师的专业发展来说,不同的学生、不同的课堂可能创生更为丰富的教育教学情境,生成更多不同类型的教育教学问题。在这些问题的发现、研究、解决中,能自如、流畅地表达专业思考,并形成个人对教育教学独到的见解,为其专家型的教师发展打下更厚实的实践与理论研究基础。从教育集团的改革发展来说,集团的最终目标是"让每一所学校成为家门口的好学校",达成义务教育均衡化发展,那么来自不同集团校的骨干教师们在流动中可以展其所长,融入式的教育教学环境可以让团队合作不刻意,不拘泥,更

为生动地发展,从而引领出一支支教师专业团队来,带动整个集团的良性发展。

(2) 骨干教师流动的任务:带头示范、研究问题与团队引领

骨干教师流动的主要任务,首先,带头投入集团教育教学研究改革,坚持立德树人,把德育教育贯穿于学科教学的全过程;其次,发挥个人扎实专业理论素养和学科本体知识,引领带教集团内不同层次的教师,尤其是青年教师,产生良好的教育教学效果;再次,具有较强的教科研意识和能力,以在集团流动的教育教学实践中发现的问题为任务驱动,能够以团队项目为主,领衔或参与校、集团、区级或以上课题研究并获等第奖,参与所教学科的教材编写、核心期刊发表专著论文等,使自己的研究成果具有更广泛的辐射。

4. 特色教师流动的目标及任务

(1) 特色教师流动的目标:为更好地发展特色与特色发展

特色教师,其角色定位就是某特色课程(或特色主题)的设计、开发或执行者。基于集团(或学校)的内涵发展,持续发展现有特色课程或项目,开发设计新的课程或项目,并在特色领域不断获得新的成绩,是特色教师流动的主要目标。

(2) 特色教师流动的任务:发展特色、开发特色和特色发展

特色教师本身具有较为鲜明的角色定位,因而他们的主要任务集中于:首先,发展原有特色。能研究并积累特色课程教学实践中不同类型的课题,在不断的反思中主动探索教学规律,创新教学策略。能够进行教学设计背后的学理分析,深刻理解学科本质和思想方法,形成自己的教学思想和特色,并能指导其他教师进行教学设计和课堂教学,在市区级各类比赛中能够获得较好成绩。其次,开发新的特色。能够根据学生需求,围绕集团发展目标,设计开发各级各类的校本课程、集团或区级共享课程。基于课程改革的基本理念和国家课程标准的相关规定,能够从课程建设在实施过程中存在的问题或薄弱处出发,在特色开发中积极探索如何解决、完善这些问题或薄弱之处,努力成为课程改革的领军人物。

5. 中层干部流动的目标及任务

(1) 中层干部流动的目标:多维视角下的学校管理思考与成长

学校中层是支撑学校发展的中坚"脊梁",他们既是学校教育教学的骨干力量,也是学校管理层层递进的中枢神经元,承上启下,内外兼糅。中层干部流动的目标显而易见:通过跨校同岗或异岗的流动实践,能够更加清晰中层岗位的职责、

工作方法与策略,提升谋划力、执行力与思考力,成为校级干部(后备干部)的优质储备。

(2) 中层干部流动的任务:开阔视野、学习管理和创新融合

中层干部流动的第一个任务:开阔视野,学习担当。作为中层管理人员,很多时候会成为"三夹板",上面布置任务紧急艰巨,下面应承任务拖拉被动,自己左右为难挑肥拣瘦。因而中层干部流动可以通过异校实践,观察他校中层管理者乃至校级管理者的管理理念与思路、工作策略。他山之石,可以攻玉。

第二个任务:学习管理,善谋善成。中层干部流动其实也可以按岗位年限与成熟度进行分层。对于青年干部,学习是主要任务,与教学学习不同的是,要更多地向"人"学,因为管理的是"人",因而要善于观察学习他人的做法、讨教他人的经验,揣摩实践的做法,虚心接受指点。对于成熟的中层干部,要更多地在岗位上发挥以点带面的作用,主动发挥管理的优势,善于结合不同的校情迅速推进工作的开展,还能带教一批新上岗的中层管理者,取得一定成效。

最后一个重要的任务是:创新融合,助推发展。中层干部是校长办学的左膀右臂,也是集团决策的智囊团。准确把握杨浦教育的发展愿景,领会集团的办学理念与发展目标,结合各自学校的校情,创新出自成一体又融合整体的教育教学管理的新路子,可以说是最高阶的任务。

6. 教师流动的保障与实施

(1) 组织管理。由上理工附小教育集团师资发展中心依据集团各校学情、教师情况统筹协调教师流动工作,整体推进集团各校流动教师的培养、培训工作,确保流动计划的落实。集团各校的师资发展中心具体组织开展各级各类专题研修活动。加强对各层次的流动教师的培养,制定培养计划和考核办法,积极营造有利于流动教师专业发展和提升的政策环境和文化环境。

(2) 经费保障。流出校保障每一位流动教师的工资与绩效考核经费。在每月绩效奖励、年度绩效考核、评优中向流动教师,尤其是支援薄弱校的流动教师倾斜。在流入校考核优秀者,同等享受流出校考核优秀奖励。

(3) 特色奖励。进一步优化《上理工附小教育集团流动教师工作职责和管理条例》,以目标为导向,以过程为依据,围绕日常工作、课堂教学、课程建设、辐射引领等内容,细化分层指标,考察流动目标达成度,促进教师有意识地实现"流动价

值"。对于在流动期间作出贡献、开发特色课程、发表研究成果等并产生一定的辐射影响者，在职称评定、骨干评定、年度考核、后备干部培养、各类专业培训（国培、市培等）中优先考虑推荐，对于优秀教师予以特色工作奖励及提供项目支持等。

二、不同层次教师流动的案例与分析

（一）青年教师的流动故事

教师姓名：吴一冉

流动情况：水丰路小学流动到开鲁二小

一位青年教师流动日记

【2020年6月20日　差点与流动"失之交臂"】

今天让我印象特别深刻，因为这一天是教师流动网上报名的截止日期，我差点与这次教师流动失之交臂。

昨天全校大会上听说还没有老师主动报名去流动，本着一点点为学校分担任务以及主动把握流动机会的想法，我开始思考是否要参与流动，但是决定很难做下，因为我脑中有两个思想在作斗争：参加集团内的流动对教师职业价值的实现以及教育教学能力的增强 vs 刚结束为期一年的见习就参加流动可能会面临的问题。

作为一名职初教师，刚结束为期一年的见习就又到另一个崭新的环境去，可能会对自己的聘任学校没有太强的归属感，而且教学经验尚浅，怕出去流动不能给予太大的贡献。但有一个契机，我听说开鲁二小的一位年轻科技教师报名参与流动，想到了之前上理工集团的丁理事长提及过的教师流动的意义是为了义务教育的均衡发展。我觉得作为青年教师，有这样一个好的机会去交流学习，肯定会有很丰厚的收获，参与流动可以感悟和学习不同学校的人文环境以及办学理念等，多感受体验不同的教育环境且能提升自己的环境适应能力和教育教学能力，是一次很好的历练机会。本着从一而终的教育使命感，我相信自己一定能很快融入这个崭新的教育环境。

经过好几天的考虑，我在截止日期当天打开了平台进行报名，结果发现20号当天报名入口早早就关闭了,于是我在下班前向水丰路小学的夏校长阐述了一下自己想要参加流动的想法,随后夏校长第一时间帮我跟丁理事长沟通了这个报名通道的事情,让我成功报上了名。

【2020年9月1日　开学第一天】

在经过开学前三日的校本培训后,我初步感受到了开鲁二小温馨和谐的教育氛围以及"让生命更灿烂"的办学理念。

这一学期我承担一至三年级的教学任务,虽然跨三个年级教学需要准备更多的教具,备更多的课,但是我理解这么安排的苦心,让青年教师能够更快速地熟悉所有的教材,更快速向成熟教师靠拢。

今天是在开鲁二小教学的第一天,无论是在水丰路小学还是流动至开鲁二小,我都能时时刻刻以一名人民教师的标准严格要求自己,以创新教育方针为指导,以教好学生、促进学生全面发展为己任,努力挖掘学生们的潜能,营造和谐、愉快、富有创造力和趣味性的课堂氛围,使学生们在课堂中学得轻松,乐于探究。

在备课方面,学会分析教材,利用好三本学科专业的工具书,并且在空中课堂这一优质市级资源的辅助下,我对于所授课的重难点有了更好的把握,备课时也能更科学更确切地制定单元教学目标、课时教学目标,能把握教学重难点。科学课堂以"学生的体验"为主要活动内容,充分、适切的教具则是学生开展体验活动的前提,让学生在直观、感性、体验、不断尝试的过程中习得知识,是成为优秀科学教师的必由之路。

在学科专业方面,我努力在教学中渗透"项目化学习""融评于教"的教育教学理念,巩固科学与技术的专业思想。

【2020年11月27日　离亲信课堂最"近"的一次】

成功来之不易。成功的展示课背后是一次又一次的修改与精进,在经过校领导多次的指导以及科技组的协助后,今天同为科技青年教师的陆佳怡老师给全校展示了一节优秀的典型"亲信课堂"公开课,这是我离亲信课堂的观摩课最"近"的一次,也算是我全程参与的一次。

在准备初期,我们全体科技备课组深入解读了科学与技术学科所选定的"敢于"的效能指标,随后观摩骨干教师许老师"空气有力量"的同课异构,在许老师的课上真切地感受到学生的好奇与兴趣完全被他激发了,而且许老师"敢于"开展掉不下来的垫板这一环节,并取得了非常好的教学效果。这也让我们深深地体会到了要想学生"敢于",必然要我们老师先敢于放手去做。聚焦"敢于"的效能指标,让学生敢于去尝试、敢于去探索、敢于去动手。

  在陆老师这节课中我观察到了"敢于"这一亲信课堂的指标在本节课的教与学中有很多的体现。在陆老师做第一个掉不下来的垫板的演示实验时发生了一个小小的插曲,但这个小插曲仿佛是内置的一样,起到了很大的作用,让学生知道了在实验过程中确实会有失败的情况发生,失败其实并不可怕。之后也仍然有很多小朋友很积极地想要去尝试这个实验,敢于去尝试这个实验,学生的这种敢于,也源自陆老师那句很有激励性的话语引导。在第一个小朋友尝试实验的时候,其实他不太敢放下手,但是经过陆老师的鼓励"相信你可以的"后,他终于勇敢地撤去了压在垫板上的手,他成功做到了!在进行单手劈木片这个活动中,有些学生可能会失败很多次,但是在同学和老师的鼓励下,他们敢于不断地去进行尝试,不畏惧失败。

  这样一堂课给人感觉很有趣、很好玩,很高兴和学生、和陆老师一起在课堂上获取知识,因为在这个课堂上,氛围很轻松,教学活动也都很有趣,我还感受到了学生和老师之间那种相亲相信的感觉。在许老师的带领下,我们科技组一步一步地在躬行亲信课堂,正是亲信课堂这种轻松的、在玩中学的氛围,让我们的小朋友更敢于表达自己的思想了,更敢于动手实践了,更敢于探究和探索了。

  通过学校多次亲信课堂以及微论坛的展示,我更详细深入地了解了亲信课堂这样一种课堂形式对于教育与教学的积极影响作用。通过"教与学"观念和方式的转变,构建良好的人际关系,促进学生相信所学的知识和道理,产生更强的安全感和愉悦感,生成更大的创造力,实现情感和认知相辅相成。从"相亲和相信"两个维度切入教学研究,通过合作学习和自主学习相结合的学习方式,开展"亲和、亲为、自信、互信"的社会情感技能培养,进行基于课程标准的教学评价,即"学习兴趣、学习习惯、学习成果"和"情感技能",通过课堂观察和分析,持续地改进教学,实现三维目标的整体达成,提升学生社会情感技能和价值取向。

  【2020年12月11日 我的同课异构】

  今天上了一节同课异构的科技课,这是一节结合理论学习、实验验证、动手制作的课。课程的内容是科学与技术一年级第一学期《变色游戏》单元中的第一课时《变色眼镜》。我以"初培科学思维，注重表达能力的培养"为主题，在学习素养的视角下对《变色眼镜》进行了项目化学习的设计。从低年级的学习就开始注重将素养转化为持续的学习实践，循序渐进地培养学生形成严谨的科学思维，抓住课堂表达的机会，注重学生表达能力的培养，在课堂上渗透和提升学生的综合素质。这节课着重培养了学生严谨的科学思维，在发现一个问题的时候首先会去猜测，当我设问"将透光孔上的黑色卡纸换成彩色滤光片的时候，里面的熊猫图片会变成什么颜色"，学生先进行猜测，然后我告诉他们这只是猜测，要想知道将透光孔上的黑色卡纸换成彩色滤光片的时候，里面的熊猫图片究竟是不是真的会变色，还需要用科学实验来验证猜想。通过对科学现象进行观察、判断和推理，这是一个严谨的分析、推理过程，它可以提醒学生，分析、推理的结论是否正确，必须经过实验验证。在这一系列的探究过程中，帮助学生养成严谨科学思维的好习惯。

学生们在玩变色眼镜时发现的问题可以让他们去思考问题产生的原因，这时他们会将曾经学过的知识，乃至生活中的各种经验在大脑中盘旋、回荡，与要解决的问题一一建立联系。比如，学生在探究插入不同滤光片看到颜色变化时发现，插入多张滤光片后看出去很暗，这时候学生就会对看到的现象产生疑问，进而启发他们结合课堂上学到的知识去解决问题，学生会开始去思考看出去很暗是因为不透光，而不透光又是因为插入了很多张滤光片。通过将核心知识再构建和转化，学生对于抽象的知识的掌握变得娴熟。

在这节课结束后，学校领导以及科技组的两位老师都对我的课程进行了一些评价，让我更清晰地知道了下一步的努力方向，让我明确了自己课程的优势和亮点，以及还可以提升的地方。虽然我是从水丰路小学流动至开鲁二小进行交流学习的，但是我感受到了开鲁二小各位老师对我的栽培与帮助是无私的，学校对于青年教师的培养渗透在方方面面。学校经常会召开全体青年教师的会议并请一些优秀教师给我们讲一些教育教学方面的心得，还会定期组织观摩学习优秀教师的备课。

【2021年1月7日　把握好每一节课堂教学】

这是学期结束前的一周，但是在教育教学上全学科的教师都没有丝毫松懈。今天学校领导来听了一节三(2)班的科技课，这是一节突击来听的推门课，虽然不是像展示课一样提前很久精心精心再精心准备，但是我精心备好每一节课，安排了很充实的课程内容,并且将曾经的学生优秀作品展示了出来。

这节课是一节补充的设计课,之前在教学这个单元的内容时,由于时间和课时进度安排的原因,适当地缩减了这节设计和制作课,打算放到期末有多余一些时间的时候给学生设计和制作,这样时间也可以比较充足一些。首先,我给学生复习了这一单元的一些理论知识并结合了自制教具,帮助他们实践回顾知识点;接着,学习如何设计自制的不倒翁,通过认识重心玩具的组成部分来加强学生设计的合理性;然后,欣赏以往同伴的优秀作品,以启发学生的设计思路,学会取长补短;最后,学生设计结束后,请设计得比较完整且有亮点之处的学生交流展示他们的设计作品,并请同伴进行点评。课后我反思了一下这节课,如果时间允许的话,可以让学生设计完不倒翁后,借助一张自评表来明确自己设计的优缺点,课堂自评表是教学的重要组成部分,是促进学生主动学习的有效手段。

课后,下午第四节课,学校领导对近期的听课作了评价,给予了我很多正面的鼓励,并肯定了我这学期在教育教学上的进步。

【2021年1月22日　别样的温暖】

放寒假前的最后一天,学校组织了一场迎新活动,有零食品鉴和红酒品鉴活动,还为每位老师都准备了一份零食礼包和一份西点作为新年礼物,让我感受到了学校的温馨氛围以及对团队凝聚力的重视。开鲁二小的校领导对我们流动教师也很照顾,不论是防疫物资还是水果都能顾及到我们,这份惦记和温暖令我很感动。

刹那间,流动的时间就已经过去了四分之一,这些时日一系列的活动让我已经对这所学校有了较深的情谊。在这段时间不断地进行教学实践,我知道了要学会在教学过程中不断调整原有教案,多备有教师指导和活动之间自然过渡的详案,课后经常反思,记录点滴感受;并能制作和修改、调整课件;能结合研究主题"项目化学习""融评于教",选择教学内容,进行教学设计并撰写教学设计说明。

欲给学生一滴水,老师先要有一桶水。作为一名经验尚浅的新教师,为更好地适应教学工作,要积极参加各种培训,认真做好笔记,并在会后结合自己的实际反思,写出心得体会。平时有机会,要经常听师傅以及其他教师的课,通过听课,学习其他教师优秀的教学方法、先进的教学理念。唯有不断地学习,才能不断充实自己、丰富自己的知识和见识,才能更好地为教学实践服务。今天的学习是为了明天的工作,教师自身素质的提高就是为了更好地干好教育工作。教到老,学到老,才会永远站在教育领域的前端。作为一名教师,不但要谨记自己"师者"的身份,更要明确自己"研究者"的身份,不断提高自身教育教学研究能力的同时,也是履行"师者"的职责和义务。

(二) 成熟教师的流动故事

教师姓名:吴妍

流动情况:内二小学流动到上理工附小

流动又让我成长

Q:作为学校的成熟教师参与集团流动工作,在心理和教学方面是如何进行自我调适的?

我是2017年至2018年在上理工附小进行流动的。虽然是一名成熟教师,但是要重新融入一个新的环境,在心理上或多或少都会有一些踌躇与不安。记得在报到前一晚,我在床上翻来覆去就是睡不着,脑海里净是一些假设性的问题:明天见面的新同事会不会很难相处?学校领导会不会布置很多让我感觉困难的任务?上理工附小的孩子英语基础都很好,我该如何调整我的教学方式?学生家长如果不支持我,难以沟通该怎么办?等等。问题越想越多,越让我紧张得难以入眠。

第二天,当我迈进上理工附小的校门时,保安师傅亲切的笑容让我感到非常温暖,他们还热心地为我指路。走进教学大楼后,一路上都洋溢着老师们热情的微笑,虽然大家不认识,但是笑容拉近了彼此的距离。

沿着楼梯走到二楼,正对着的就是英语教师办公室。办公室宽敞且明亮,布置得错落有致,绿植和鲜花随处可见,让人心情愉悦。当听见我的脚步声后,原先埋头整理桌面的老师们都一致转头看向我,得知我是来流动的老师,都纷纷迎上来,有的领我到办公桌,有的帮我擦拭桌面,还有的老师热心地询问我的情况并安慰我放宽心,大家很快融入到一起,办公室充满了笑声,我不由感叹,前一晚的辗转难眠是多余的。

而后,英语教导带我熟悉了学校的整体环境,并耐心告知英语教学的要求。执教班级的班主任也热心地向我介绍了班级学生的英语学习情况和家长的支持程度,这极大地帮助了我进行全面且适切的学情分析。

教学中,对我而言没有特别的不适应。上理工附小的孩子英语基础较好,这反倒让我在教学设计中可以"放开手脚",把原先在自己学校用的基础类课件进行拓展、增加语言输出的课外词汇量和多样性的句式结构。而对于一些学困生,原先的基础课件和薄弱点的强化练习正好可以帮助他们巩固每单元的重难点,这些偏重语言基础训练的设计大大增加了他们英语学习的信心和积极性,同时家长也表示感谢并给予我更多的支持。

这种"互补式"的教学是我这一年流动工作中最大胆的尝试和经验积累,事实证明,这种创新是成功的,不同层面的学生都取得了不同程度的进步,这无疑是我流动工作中最大的收获。流动结束回到自己学校后,我也继续沿用这种教学模式,课件中"高要求"的部分结合本校的学情再进行适当的调整,这有助于中等偏上的学生进行拓展、开阔眼界,有效地提高开放性话题语言输出的准确率,使学生的英语成绩迅速提升。

Q:"流动"对于校教研组的改革有哪些帮助与促进?

上理工附小英语组给我印象最深刻的就是他们的"团队合作精神"。这种团队合作不是"口号式"的,而是切实体现在工作中的点点滴滴。同备课组的老师在学期结束前都会收到新学期备课和课件制作的要求,在备课组长的统筹协调下,大家在假期里分别落实各自的教学准备任务。开学前,备课组长再把大家的"成果"收集起来,教案统一打印、课件资源共享,各单元的学习单也在组内研讨定稿后再进行印刷,作为课后巩固的配套训练。我记得当时拿到这些资料的时候真的特别意外和感动,因为自己学校教学内容的设计都是个人自己完成的,其中的辛苦和压力只有自己知道,我们都是"一个人在战斗",缺乏团队的力量。

回到自己学校后,由于流动期间的出色表现,我承担了备课组长的工作。在和校领导谈起流动的收获时,特意把上理工附小"温暖"的教研氛围告诉大家,并下定决心和教研组长一起改变学校当下缺乏"温度"的教研氛围。我把上理工附小的教研模式与本校的实际相结合,因为我们英语老师少,有的年级只有两位执教老师,要他们负责更新一学期的教案、课件和校本练习是比较困难的,所以我们决定先从互相修改原有的教案入手,再一起课前补充或修改课件,增加语言训练的整体性和综合性,最后探究符合自己学生学情的练习设计,既要关注共性问题,又要凸显个别差异。这样的改变深受大家的欢迎,"团队合作"真正让老师们"减负增效"。

Q:"流动"中的所见、所得、所想如何助力学校英语学科成绩的提升？

我结束"流动"工作的第二年，学校迎来了新一任的校长，这无疑是一次重大的改革。董校长"求新""求变"的坚定决心也影响着我们每一位老师，更幸运的是，我也得到了在英语教导的岗位上轮岗的机会。是机遇，亦是挑战，我暗自下定决心要和组内的小伙伴们共同努力，提升英语学科成绩。

提升学科质量，"课堂"与"练习"是两大抓手。"课堂"前面我已经结合教研组的改革谈过了，现在重点谈谈校本练习的设计。

学校原先的校本练习仅是针对单元教学目标、课时重难点进行知识点的巩固，这样的练习设计只能做到凸显共性问题，缺乏个性体现。在接触了上理工附小的学习单练习后，我发现他们除了综合训练外还增加了薄弱环节的强化练习。这给了我很大的启发，在和教研组长探讨后，我们决定尝试将练习根据学情进行分层设计，力求每一次的练习都能重基础、促发展、有提升。

我们的校本练习分为"基础练习"和"能力提升"两个板块，旨在夯实语言点的基础上让优等生有一个能力发展的机会，给学生提供一定量的高阶思维训练。我们摒弃了之前担心学生无法接受拓展类知识学习的观念，让每一位学生都能在巩固知识点的基础上得到适切的能力提升。我们始终遵循"顺势而为，适性发展"的理念，让每一个学生都能获得优化自身能力的机会。正是因为有了这些"改变"与"坚持"，我们的孩子变得更有自信也更善于表达，家长也给予了我们更多的理解与支持，这些"向上"的力量使我们的学科质量迅速提升。我们一直在努力改变，每迈出一小步都是将来蜕变的奠基。

集团内的柔性流动让我们在中心校汲取了更具创新力的教学模式，优化了自身的教学能力。大家秉持"走出去，带回来，相融合"的原则，在教学工作中和学生一起成长，力求做"更好的自己"！

（三）骨干教师的流动故事

教师姓名：胡海俊

流动情况：开鲁二小流动到内二小学

倾听花开的声音

2020年暑假伊始，刚交接完新学年教学任务的我，突然接到了集团要求流动的指示，作为骨干教师进行"靶向式流动"。对于才流动过的我来说，心里其实是犹豫的，但这次流动的意义，显得非常重要。很快，经过和流入学校内二小学的沟通，在暑假中就和即将要带教的青年教师陈喻欣老师取得了联系，并简单地沟通了新学期的一些带教任务。

陈老师是一个刚踏上教育岗位第二年的青年教师，三尺讲台见证了她从紧张到从容，从青涩逐渐走向成熟，她用青春的朝气、坚定的信心，迎接着一个又一个挑战，成长的道路上洒下了不少汗水，也留下了坚实的足迹。

教师节的"礼物"

一场疫情推迟了陈老师初登讲台的时间，虽然之前有很多的学习，但真正面对一群孩子进行教学，陈老师还是显得有些底气不足。然而经过那堂听课后，她有了新的认识。根据之前的计划，陈老师邀请我去听她的课，时间恰好是在教师节那天。本应欢度节日的气氛，倒是有一些紧张了。根据进度，她选择了一节概念课——《大数的读写》，也许是觉得教学内容并不难，也凭借着对教材内容熟悉的理解，她很快地完成了教案。然而在她授课时，课堂并没有想象中那么顺利。虽然各个环节的内容看似都已经完成，但看得出学生的学习兴趣并不高，整堂课教室里气氛略显压抑，除了少部分同学参与互动外，大部分同学都感觉置身事外，只是在核对答案时有一些反应。课后，我也感觉到了陈老师十分沮丧，对这节课并不满意。很明显，这份"礼物"有点失落。

课后，我找到陈老师，让她自己先进行课后反思，可能出于教学经验的欠缺，陈老师并没有讲太多。其实这也是在我意料之中的，毕竟她走上讲台也就一两个月的时间。于是，我从我们需要培养学生的核心素养入手，和她一起探讨这节课的设计。在肯定了她练习设计题目的同时，我指出，对于四年级的学生来说，更需要关注学生的学习能力，如何组织好学生参与到学习的活动中，是一个值得研究的方面。当我们面对文本并不是很难的内容时，恰恰就是培养能力的时机，应该给予孩子更多的空间，让他们有更多表达的机会，不吝啬对他们的赞美，即使错了，首先也要肯定他们敢于发言的勇气，鼓励课中有意义的质疑。这样的一席话，让她茅塞顿开。我们俩借着这样的一种设计理念，对教案进行了整理重组，把一些非常琐碎的问答式练习，组成一些习题集，放手给学生自己尝试。整个过程中，陈老师不停地点头、不停地记录着要点、修改教案,渐渐地,她的眼中开始流露出喜悦的目光,感觉一节课已经在她的脑中慢慢成形,她已经感受到了变化带来的课堂转型。

学生需要鼓励,老师同样也需要,在给陈老师修改教案的同时,我也充分肯定了她这节课的优点。第二天,当她拿着修改后的教案再上的时候,我真正感受到了这两节课的变化。课后,她仔细地比较了最初的教案和最终的教案,才发现一堂高质量的数学课,必须要深刻理解教材,钻研教材,而且在教案和课堂中必须充分考虑和相信学生的接受能力,并深刻认识到要给学生一杯水,老师就得找到永不枯竭的水源,这个水源就是学习和实践。

"我真的可以"

作为老师,总能感叹时间的飞逝。在这一学期对陈老师不停地听课中,最大的感觉就是:这孩子进步很大。除了带教,学校还为青年教师请来了教研员,共同帮助他们成长。某一天,陈老师突然跑来跟我说:"胡老师,今天教研员王老师也说了要让学生更多参与,提升学生的数学素养,我觉得有些课真的可以试一下。"那种兴奋的表情,让我印象深刻,这是她第一次主动来跟我交流课堂教学的感受。"是不是!有没有!"我也很高兴地回应着她,"看来你真的已经在考虑教的到底是什么了,让人高兴啊!""可是,12月份就要上汇报课了,我不知道上什么,你有什么建议吗?"看得出来她是一个非常希望自己能一炮打响的老师。"不急,我们拿出教材,好好分析一下后面的教学内容。"虽然我心里大致已经有心仪的课题,但并没有直接告诉她,而是希望能通过和她一起探讨,听听她的想法再做最后的决定。其实选择公开课教学内容也是一门艺术,要能顾及前后知识点、教学的难易度、学生的课堂反应等等因素,从教学要求上,和家常课还是有区别的。

在经过反复的对比与分析之后,最终选定了《通过网格来估测》这个教学内容作为最后的汇报展示课。这是一节数学广场里的教学内容,独立的知识点并不影响其他内容的学习。但这节课也有非常大的挑战性,首先,教材内容非常简单,只有几幅图片和很少的几句话提示;其次,这节课是数学教学模块中隶属于统计的版块,对于如何培养学生这方面的核心素养,如何帮助他们理解并能够在实际生活中应用,提出了比较高的要求。第一次的试教并不成功,虽然陈老师已经非常有意识地设计活动让学生参与感受,但对于活动的要求还显得有些模糊,学生在操作过程中有些不知所措,为了达到预期效果,陈老师不得不在巡视时不断提醒和帮助每一组的孩子们,时间被拉得有点长,导致了最后的生活实际运用没有呈现。课后,陈老师主动找到我,来征询改进的方法。课堂上出现的问题,其实是出在了活动设计以及任务单的设计上,于是我们在任务要求和任务单上给了学生更多的提示,增加了填空性的文字表述,明确了任务要求。第二次的试教,效果一下子就显现出来了,孩子们在活动的引领下,有了很多不同的有效估测方法,再通过辨析,总结出了"分、选、数、乘"的教学目标,一切都显得那么顺利。如果这节课就到这里,课本上的内容也就教完了,但我们总觉得缺了点什么。于是,我们在设计这节课时,增加了需要进行第二次分的内容。然而问题就出现在这里,第一次的分是通过孩子们折一折的方法,而第二次的设计是分成九份,孩子们是没有办法折出来的。课后,针对这一环节课堂中出现的问题,陈老师开始有自己的想法:"能不能让孩子们自己也先说折一折,然后我们再出示如何分成九份呢?""这是个好主意!"我想表达的不仅是陈老师的这个方法,更重要的是,她已经开始能对自己课堂中出现的问题进行自我反思,自己寻找解决方案了,而不只是一味地听取。要知道,会动脑才是真正的进步。

很快,迎来了真正的战场——汇报课。在课堂上,陈老师对这节课把控得游刃有余,虽然有一些小瑕疵,但对于一位如此年轻的老师来说,真的是成功了!我也在评课表上写下来大大的"A"!顺利完成这个任务后,陈老师对我说的第一句话就是,"我真的可以"!是的,每一次的努力也许不会马上成功,但终究会有收获。

一年的流动生涯也许很快就会过去了,但是青年教师的成长道路还很长。内二小学的数学组是一个拥有非常多青年教师的教研组,学校数学教学的未来任重道远。这一年在内二小学的靶向式流动,就是希望青年教师们能迅速地成长起来,担负起学校数学教学的担子。在平时的听课评课、教研组活动中,给予青年教师更多展现自己的机会,让他们积累更多的经验,结合自己的课堂教学进行思考,形成有自己特色的教学方法,做一个有创造性的数学老师,带动整个数学组团队共同进步。而对于集团校来说,一所学校的好不能说明什么,大家是一个团队,需要携手并进。作为一名骨干教师,应把自己在教学中的一些优势无私地传授给青年教师们,同时,也能从他们身上找到更多活力的方面来充实自己,不让自己有所慵懒。老师和老师之间的互相学习,学校和学校之间的互相学习,是伴随着集团整体进步最基本的节奏。手挽手,肩并肩,共同倾听花开的声音!

(四) 特色教师的流动故事

教师姓名:薛蕾

流动情况:上理工附小流动到内二小学

用我的专业让更多学校精彩

集团教师流动,从骨干教师辐射指导走向特色教师帮扶引领。通过前期集团学校课程调研,了解到内二小学着力于"围棋"特色课程的建设,并在区域内进行了推广,但学校课程顶层设计和规范性管理上还有待完善。为此,集团理事会通过讨论,确定选派学校课程建设特色教师薛老师前往内二小学开展为期一年的流动,提出具体的流动要求:发挥自身课程建设优势,帮助学校完善课程顶层设计,带动学校教师共同迈向课程规范建设之路;在自身发展上,进一步理解校本内涵,站在因校制宜的角度思考课程建设路径,提炼有效策略,为集团课程建设工作的推进提出有效做法。

2019年9月,我走进了内二小学,在校长、书记的介绍下,对学校有了进一步认识。学校不仅有围棋特色课程,而且开设了集邮、马术等20余门选修课程,此外,学校作为杨浦区大中小生命教育一体化之探索生命项目的基地学校,承担着"探索生命"课程研发的主要工作。我自上而下学习了学校拓展型课程实施方案和20余门选修课程的设计文本等相关资料,采用问题编码的方式,对教师课程文本中出现的问题进行归因。之后在与教师进行访谈时,了解到教师在设计课程前对学校课程要求不清楚,对课程要素不了解,所以导致教师的设计与学校的要求不完全匹配,课程文本中课程核心要素缺失。于是,我先从学校拓展型课程实施方案入手,与学校负责过课程建设工作的3位教师进行沟通,了解最初的设计思路。但发现,教师对学校办学理念、育人目标的知晓存在不一致的情况。

由于内二小学新老校长交替,学校的育人目标与办学理念做了适当调整。我带领负责学校课程建设的小李老师一同学习《上海市中小学拓展型课程指导纲要》,解析文件精神;共同解读学校新理念,分析学生学习基础和需求、教师爱好及特长,依据育人目标制定课程总目标;梳理学校在地资源和已有课程,罗列学校课程所涉及的学习领域,确定学校在后续研发的课程领域,使课程结构趋于平衡;结合学校课程实施情况,调整课程实施方式,制定管理流程,形成选修课程申报、审核等具体要求;根据拓展型课程的广域性,优化课程评价方式。在我的指导下,学校拓展型课程新实施方案完成。

当实施方案确定后,我想要第一时间告诉的就是学校的老师。因为这是教师研发课程、设计课程、实施课程的总要求。老师如果不知道,那他们设计的课程就有可能与学校的要求不匹配,那这样的课程还是不是"学校的课程"?如果单独跟老师说实施方案,他们一定会觉得这个离他们太远,好像无关。所以我想到用老师们自己设计的课程来讲学校的方案,让老师们自己来评议自己的课程是否与学校相一致,同时也对老师设计的课程文本进行整体的分析,尽可能让每个老师的课程成为此次课程培训的案例。为此,我将培训设计成沙龙的形式,让每个老师从被动变成主动,让互动多于讲解。

记得这次培训,有老师说:"原来在编制课程文本时要考虑课程目标、课程内容、课程实施和课程评价四个要素啊!"有老师说:"这次学习真是蛮热闹的,我们一会儿要即时投票做选择,我们要发言,稍不留神可能就会有些尴尬!"也有老师说:"原本只知道自己闷头写写写,薛老师把我的目标和学校的课程目标一比较,我就知道好像缺了,少了。再看看其他老师的设计,听听别人的设计想法,也给自己许多启发。"……从老师们的对话中,我们看到了大家在培训中是有收获的。为了化解教师课程文本编制的难度,我还特意设计了规范模板,并在模板中设置了一些引导教师编制时要关注的问题。在培训结束后,我还一对一地与教师进行面谈、沟通,了解其设计中的困难,提出一些指导性建议。在我的指导下,全校 21 位老师完成了自己的课程设计。

"薛老师,我共享了集团的共享课程《创意巧手》,难道课程文本还需要重新设计吗?"小瑛老师问道。

"这门共享课程在使用过程中,你是否遇到问题?"

"我没有开发课程的成老师那么专业,所以在技能学习的要求上没有她那么高。但是我比较关注学生的创意,可能学生的作品不精致,但是学生的想法都不错……"

在我的提醒之下,小瑛老师从侃侃而谈课程建设的过程中,发现自己在实施共享课程时的方式方法、关注点都与课程提供方发生了变化。为此，小瑛老师根据学校课程总目标(如图 5-1 所示)调整《创意巧手》课程目标(如图 5-2 所示)，结合本校学生学习基础完善课程内容，优化实施方式。通过这一个案，内二小学教师进一步明确了校本课程的"校本"内涵。

德育渗透，调整课程目标

长白二村小学分校拓展型课程目标
1. 培养学生的创新精神和综合能力，发展学生个性特长，提高学生的学习能力。
2. 培养学生热爱生活，关注社会，关心他人的品质，提高学生的品德素养。
3. 培养学生良好的学习习惯和科学态度，提高学生的自主能力。
4. 培养学生的实践活动能力，学会参与、合作，提高团队协作的能力。

内江路第二小学拓展型课程目标
1. 有礼：尊重他人，言行举止有礼貌，形成良好的生活、学习习惯；与同伴友好相处，诚实守信，互帮互助。
2. 有序：选择感兴趣的内容开展学习，面对困难沉着应对，做事不紧不慢；按规则做事，有计划地做事，适应学习环境的变化。
3. 有思：对周围事物充满好奇，发现问题，提出问题；发现事物与事物之间的内在联系或规律，并尝试用不同的方式解决问题。
4. 有为：主动承担任务，独立思考，乐于表达自己的观点或想法；拥有自信，坚持不懈，为自己或他人的成功感到高兴。

图 5-1　第一步：分析课程目标

德育渗透，调整课程目标

成瑜老师的《创意巧手》科目目标
1. 通过欣赏、制作，发现立体卡片和立体书的特点，感受纸艺造型的魅力。
2. 初步学会立体书的"长方体"、"V/A"、"W"等基本制作方法。
3. 根据制作内容及要求，进行整体性设计，展开联想，思考制作方法，运用已有技能完成立体书的制作任务。
4. 养成有序制作、及时整理工作场地的习惯。

我校的拓展型课程目标
1. 有礼：尊重他人，言行举止有礼貌，形成良好的生活、学习习惯；与同伴友好相处，诚实守信，互帮互助。
2. 有序：选择感兴趣的内容开展学习，面对困难沉着应对，做事不紧不慢；按规则做事，有计划地做事，适应学习环境的变化。
3. 有思：对周围事物充满好奇，发现问题，提出问题；发现事物与事物之间的内在联系或规律，并尝试用不同的方式解决问题。
4. 有为：主动承担任务，独立思考，乐于表达自己的观点或想法；拥有自信，坚持不懈，为自己或他人的成功感到高兴。

图 5-2　第二步：分析科目目标

我走进内二小学，同时也成为"探索生命"项目组的一员，承担起了该项目的课程研发和实施工作。我结合自己在场馆课程实践中积累的经验，组织成员校前往杨浦区中心医院实地考察,并与相关部门、科室的医生进行对接,了解可用资源,以及实操上的可行性,整体规划"探索生命"项目三年行动方案。从教师、学生、学校和基地四个层面拟定发展目标,确定研究方向和内容,梳理各学段(小学、初中和高中)的资源和结合点,以及项目成果框架。

——我在这里待一年,先确定行动方案的可行度,再考虑推进方式。我希望在这一年的时间里能够先建模,如果模型有了,后续两年陆续推进应该没有问题。

——如今医院已经将可用资源给到了我们,我们选择一个不同学段都认为做起来相对简单的先来试一试。

——大家设计的课程内容与"生命"紧密相连,但是看不出"探索"的味道。我们需要对"探索生命"进行界定。

——在医院的协助下,大家结合"人体血细胞"完成了各自的设计。现在需要根据设计进行实施,请各校边实施边思考原本设计的可行度,如有问题请及时调整,如果调整过程中有困难,我们可以共同参与讨论。

——通过实施,我们形成了"校内先导-校外实践-校内反馈"的实施模型,后续的课程设计上可以继续使用此模型,如果有新的模式,也可以和大家分享。

近一年,整个项目组在我的带领下共同经历了课程调研、内涵澄清、资源剖析、模型构建、课程设计、实施完善的全过程。项目组完成了"探索生命"课程指南的编制,完成了两大主题十个课程内容的设计,以及3个微课的制作。内二小学主持的"探索生命"校外实践项目受到了区域同行的肯定和认可,也在多家媒体被报道。

"探索生命"系列课程成为了内二小学又一课程特色。它丰富了学校探究型课程的学习内容,也为学校"研学"课程提供了一个范例。它点燃了学校教师参与课程实践的信心,唤起了教师投入课程实践的热情。它拓宽了学生的视野,丰富了学生的学习经历。

特色教师的流动,带动的不仅仅是一个老师,而是要引领集团学校更多教师共同前行;是要用自己的专业,启发更多教师对自我教学行为、教学方式,乃至教学理念的自省;是要努力为集团内更多孩子提供更好、更适切、更精准的服务,让每个孩子享受到集团更多更好的资源,促成每一个孩子的精彩成长。

流动让特色教师看到了不同学校的不同文化和师生的差异。这些差异促使特色教师学会从不同视角看待问题,从不同角度思考问题,采用不同方式解决问题。打破固化才能突破瓶颈,才能破茧而出,飞得更高看得更远。

通过两所学校的流动,我发现教师在课程建设中的共性问题。为此,我制定了"BG-SPACE"引擎计划,分层开设培训。面向集团学校课程负责人开设"课程大脑"培训,帮助学校优化课程规划;面向集团成员学校教师开设"课程工坊",开展教师课程建设指导;面向学生开设"课程集市",让更多学生能够经历集团内更多优质课程的学习过程,提升学生的学习兴趣、拓宽视野。

2020"我们的课程故事"集团课程季,为集团各所学校搭建了交流展示的平台,更多教师参与到课程建设中,推动集团课程的同步发展、稳步发展和持续发展。从一系列的动作中,集团理事会看到了特色教师带来的课程影响力,感受到流入校在课程上的发展和变化。为此,特色教师流动成为了集团后续流动过程中至关重要的一环。为更好地促进集团特色教师流动,将进一步完善特色教师流动保障机制,形成一个内外双循环、双向共赢的格局。

(五) 中层干部的流动故事

教师姓名:曹萌芳

流动情况:水丰分校流动到上理工附小

流动,让我遇见了更好的自己!

在上理工教育集团组团发展的驱动下,为加大优质教育资源的辐射力度,促进教育优质均衡发展,近几年集团学校开启了教师柔性流动的举措来实现教师的专业成长。集团内成员校每年向集团输送10%的教师,其中骨干教师的比例占到了15%。流动教师有年轻的、有成熟型的,有学科骨干,也有课程特色教师。作为水丰分校的一名中层,2019学年对我来说是特殊的一年,这一年,我离开工作了20年的水丰路小学分校,开启了一段"与众不同"的旅途。

【工作记录一】
我的"流动"任务

时间:2019年6月25日(周四)

地点:水丰分校会议室

对象：沈沁（校长），我（曹萌芳　学科教导）

内容：沟通集团干部流动的目标任务

沈校长对我说道："曹老师，今年集团要进行中层教师的流动，学校再三思考，决定派你去上理工附小流动学习，今天想听听你的想法。"

我听了，不假思索地点头答应了。想想自己在教导处工作十多年，常常感到已经陷入瓶颈，现在能有机会去集团龙头校学习，这是多么好的一次机会呀！

沈校长听了我的想法后，很高兴地说："曹老师能有这样的想法太好了！我希望曹老师在上理工附小多看、多学、多思考，在两年的流动学习工作中，将上理工附小优秀的教学管理理念与方法带回水丰分校，尽快提升我校语文教师团队的教学与科研能力！"

听校长这么一说，我感到压力倍增、深知责任重大，这下心里倒是忐忑不安了，我对校长说："我去附小流动工作学习肯定会努力，但是对于我去附小到底要学习什么比较迷茫？更担心自己能否把学到的优秀经验与做法带回学校，运用在自己的学科团队中？"

沈校长看着我再次说道："曹老师，我相信你，去了你就知道要学什么了，只有在摸索与实践中，才能突破自身瓶颈，提升自己的专业与管理能力！"

就这样，我怀揣着小小的梦想和对未知的迷惘、困惑与担心，踏上人生的另一段旅程——我作为集团成员校中层干部，流动来到了上理工附小，执教一年级语文并担任一年级语文备课组长，也有了一个新的称呼"流动教师"。

上理工附小是集团的龙头校，学校中层的管理模式、老师的教学方法和学生的自身素养，与我校（曾经外来务工子女占了半数）有着不小的差异。走进新的学校，深知自己肩负的使命、目标与其他的流动教师不一样。本着体验、学习、尝试、融合、交流这样的想法，我来到了上理工附小，期待能学到更多的管理方法，积累更优的管理经验，改变自己固有的工作模式，让我校教育教学之水"活"起来，也许这就是"流动"的价值。

【工作记录二】
流动的是教师，更是理念

时间：2019 年 8 月 26 日（周四）

地点：上理工附小多功能教室

对象：全体教师

内容：暑期教师校本培训

作为上理工集团的中层管理流动教师，今天的暑期校本培训正式开启了我为期两年的流动生涯。此前我已通过钉钉工作群认真阅读了《上理工附小2019暑期校本培训的计划安排——"关注学情，关注差异"教学案例交流》，从活动的具体安排流程、注意事项、分组安排，到汇总交流、学科教导的点评和最后附着的案例交流评价表，整份计划书详实细致，安排紧凑。

我作为评委进入第2组，在交流前学习了案例交流评价表，这张评价表以选题的契合度、创新性，案例质量的完整性、科学性、针对性和启发性，演讲水平的熟练度，分享交流的合作性与互动性这四个板块维度作为评价的指标。

一个上午的培训围绕"关注学情，关注差异"进行教学案例交流展开，带着评价表，我专注聆听了八位老师脱稿并配上ppt，从不同视角出发而撰写的案例，结合课堂实践，有的谈"学习规则"的运用，有的谈"小组合作"的培养，也有谈借助提问、学习单等学习工具促发的"自主学习"。主题鲜明，内容贴切，实践与思考紧密结合，不偏不倚。从撰写格式的角度看，案例做到了完整性，每个案例均包括背景介绍、教学片段及设计说明、反思总结，且各部分在内容的分配上比较合理。案例各部分的撰写各有千秋，不少教师抓住了每一个部分撰写的关键要素。交流分享结束，我对八位教师即时做了点评，谈了自己的点滴想法。最后一个环节是上理工附小的学科教导汇总点评，强调了撰写教学案例不是"为了写而去写"，案例从主题、内容到反思都应呈现教师有价值的教学研究行为。案例不是"写"出来的，而应该是"做"出来的。从而顺势提出了新学期研究课（听课、观课）的要点和思考。

整个上午的校本培训信息量巨大，我边听并做笔记，上理工附小的第一场校本培训就让我受到了不小的冲击，较之以往的经验，我才发现，原来培训还可以这样开展。从这一场成功的案例交流分享会中，可以看出上理工附小老师们能够从真实的课堂中发现真的问题，在实践中梳理总结提炼；上理工附小的教学管理层则付诸了大量的时间与精力，才呈现出这么一个精心设计的、生动的真实的案例分享会。这样的设计有主题、有内涵、有步骤，这不是一个简单的为了培训而培训的任务,从学校规划中学科教学的统领目标到实际操作内容,从教师充分的准备到提炼成案例形式的呈现,无一处不是精心设计的。

冲击之二更在于,如此完美的设计,让我深深感悟到作为学校的中层,如果在教学业务上不是学校里的精兵强将,不能以专业的业务知识成为某一领域内的"专家",那如何能够在学校教学管理及科研方面去点评、指导、引领教师们共同成长呢?

我思考着,我将如何把附小的优秀管理理念和做法运用到水丰分校的教学工作中去?我该如何加强语文学科团队教研水平,提升教师科研能力呢?我带领语文教研组可以这样实施培训——

1. 听:组织教师在教学工作时间线上学习,让教师感受新课程的理念。

2. 读:组织并鼓励教师阅读教育杂志、教育名著,学习现代课堂教学的基本观点和操作模式。让教师穿过时空的隧道和大师们对话,使教师更了解新教学理念的制高点。

3. 研:发挥学校骨干教师、成熟型教师的群体力量,组建学科优秀群体。大力开展集体备课、同课异构、案例分析等活动,提高教师教学研究水平。

4. 写:要求40岁以下的青年教师写教学后记、教育随笔、教学论文。用笔记录课后反思的点点滴滴,记录自己课改的探索之路,让新课程理念植入心中,因为一个有思想的教师,可以在专业发展上走得更长远。

教导处的管理途径可以按以下的阶梯模式进行:校本教研、岗位培训是有效管理的重要手段,通过与日常教学实践相结合,提高语文教师队伍整体素质和干部的管理水平,**关键目标**——

骨干教师——学科带头、教学示范;

学科教师——再提高、再发展;

青年教师——岗位学习、加快成长。

管理的侧重点是对青年教师进行岗位培训和基本功评比活动,**具体要求**——

① 师徒结对,加快青年教师成长;

② 做到"五个一"要求:每学年一篇教学论文、每学期一节教学公开课、一篇优秀教学设计、一份学科命题、一篇教学工作总结;

③ 每学年参加一个教学研究专题,开展课堂教学改革和研究,能进行具体的

教学实验；

④ 鼓励参加本学科区教研室组织的各类评比活动。

【工作记录三】
"流动"学到了"转危为机"

时间：2020 年 6 月 24 日(周三)

地点：上理工附小多功能教室

对象：语文教研组的各年级语文教师

内容：2019 学年度第二学期语文备课组工作小结

听着语文大组长武海红老师的学科大组工作小结，坐在下面的我回想整个学期的教学工作，不禁感慨万千。2020 年的新学期和往常有了些许不同，没有热闹的开学报到，没有校园里的欢声笑语。因为一场突如其来的疫情，我们和学生未能如期相见，但我们积极响应"停课不停学"的号召，引导学生合理有效地进行线上学习，同时，我们老师也有了一个新的身份——主播。

线上教学开始之前，我们在学校教学处的要求下学习了《语文网络教学工作机制》，明确线上教学的原则，力求达到有方向、有规则、有热情、有创新。

所谓"兵未动，粮草先行"，上好一堂课，备课是关键。每天的线上教学课后，作为上理工附小的一年级语文备课组长，我全情投入到与水丰分校、内二小学三校联合的网络教研活动。每天一次云端教研活动都是一次次的头脑风暴，我们依据学情，精心设计教学环节，在教案共享的基础上，每位老师提前观看空中课堂，修改教案与课件，博采众长的同时也积极分享自己精心设计的课件、教案。在思与研的过程中，我深深体会到集团成员校之间合作共研，互助共享，大大提升了自身在学科专业和沟通协调上的能力。

线上教学对于所有的一线教师更是一种挑战，在上理工附小徐琼校长的带领下，我们每天定时通过腾讯会议开展线上联组教研，分管教学的徐校长时时参与我们的研究活动，对教学中的困惑、细节问题的处理方法等都提出了宝贵的意见。学校管理层还实施了一对一的带教工作，备课组长和成熟教师通过每天在线听青年教师试讲，从教学环节的设计，到教师语言的情感、语速以及过渡语都进行了严苛细致的指导。学校管理层每天定学科、定时间、定人员按时进入教师们的腾讯课堂,课后及时通过电话给予帮助与指导,在思、研、磨的过程中,教师在不断地成长着!我也在不断地成长着!

6月2日正式开学后,我们深深觉得线上教学毕竟不同于线下,线上教学隔着屏幕,学生在习惯的养成、知识的掌握、能力的提升这些方面都与我们的期望值相差较多,每个班级中的学生也有不同的差距。因此,学校管理层及时总结反思线上教学,提出了后阶段教学的侧重点,要求教师们在教授新知的同时,对学生的薄弱环节进行查漏补缺,尽快提升学生的学习能力。

时至今日,这场没有硝烟的战役还没有完全结束,上理工附小的教学管理层对于疫情下空中课堂的教学思考也没停歇。道阻且长,且行且思……我时常在想,上理工附小线上教学工作那么井井有条,隔着冰冷的屏幕,上理工附小的老师传递给学生的是温暖的爱与时时的关注,老师们在家办公如此兢兢业业,中高年级的学科老师每晚在pad上批改学生作业到深夜甚至是凌晨,靠的是什么,靠的是上理工附小管理层温情人性化的管理方式,上理工附小的学校文化已经深深融入每个老师的血液,每个人心中怀揣的都是自己对学校满满的爱。

如果,未来再次面临这样的危机,那我们如何将危机变成契机,这将再次考验学校管理层的能力,我想只有在规范的建章立制的基础保障下,才能将教学工作进行得畅通无阻。面对危机,管理层要熟悉学校每个老师的能力——每个人擅长什么,短板在哪里。管理者要协调、推动、激发团队成员的优势特点,让成员尽情发挥长处,鼓励分工合作,成员间只有取长补短,才能共同前行!

站在这一高度再次体会到,在如今疫情还未彻底结束之时,管理层要未雨绸缪,通过科学管理将危机化险为夷。我们要如何利用现代信息技术,在基于课程标准的教学与评价的前提下,结合上海市空中课堂的这一课程建模,整合学校自身资源,既能将空中课堂的教学模式吃透,又能和教师自身教学模式完美结合,惠及到每一个孩子。我想,只有集团成员校的联组教研,充分挖掘教研主题,在教研中促进教学的有效性,才能帮助教师们更好地专业成长!

短短两年的中层教师流动工作即将画上句号,在上理工附小体验、学习、尝试、融合、交流的流动过程中心灵有了归属感,感受到了上理工附小"有容乃大"的学校文化,"此心安处是吾乡",这份"安心"让我很快适应了新的环境。流动,可以把不同学校的管理文化植入新的学校;流动,从当初为了学习上理工附小的优秀管理经验,去听、去看、去学这一被动层面,逐渐提升到主动去思考这一主动层面;流动,从带着使命进入上理工附小,体验不一样的学校文化,高标准严要求自己,做任何事都抱有不辱使命、谦逊的心态,更主动更努力地去感知与接受,我将带着新的使命回到自己的学校,去服务、惠及于更多的学生。流动,让我遇见了更好的自己!

第六章
上理工附小集团教师流动实录

一、流动初探索：盘家底，摸着石头过河

集团化办学是推进教育优质均衡发展的重要举措。纵观上理工附小教育集团的发展历程，从最初的项目驱动走向价值认同，并非是几位校长情投意合的自然结果，而是机制引领下不断深入的探索历程。

从集团实际出发，盘家底、定目标、找方法、求突破，成员校之间的每一次互动都是一个"机会"，在碰撞与融合中，打破校际间的心理藩篱，彼此走近，合作共赢，成就每一所学校最好的自己！

（一）盘家底，我们抱团取暖

应对教育公平、均衡发展的诉求，集团化办学的发展模式日益得到关注与实践。为促进学校集群发展，2009年成立了上理工附小教育集团。作为非事业法人、非企业法人、非社团法人的公办学校教育发展联盟型集团，结构松散。集团本身并不具备独立法人，核心校并不具有决策权，无法通过刚性的制度来实现"六校互动模式"，硬性规定成员校输出与共享资源。而且集团未形成科学系统的制度化设计和保障，校际合作无法有效调动和运行。同时，集团整体办学基础薄弱，校际发展不均衡，尤其是优质师资匮乏，集团教师共267名，高端教师只有9名，外来务工同住子女达到70%。与强强联盟的名校联合体不同，家底本不丰厚的前提下，1所核心校牵动5所成员校的模式，不仅难以实现"以强带弱"的实效，甚至还有可能造成核心校自身的资源稀释与效能减弱的后果。

因此，如何针对"松散的跨组织结构"与"底子薄"的限制，通过校际互动，实现

资源共享和优势互补,是摆在集团理事长面前的一道难题。

既然都不强,那就要抱团取暖。教师是教育的根本,是教育质量提升的重要基础,教师队伍是学校内涵发展的原动力。集团锁定了"师资"这一促使集团整体发展与各校个性生长的关键突破口。集团化办学的首要目标是实现均衡,所指的"均衡"并非"削峰填谷式"的输出与帮扶。对核心校和集团内办学基础相对较好的学校而言,要思考将"让他人长"和"让自己长"巧妙地结合起来,在"共同发展"愿景下重新整合资源,以机制规范运作,才能实现办学效益的最大化。

摸着石头过河,逐步完善柔性教师流动机制:

骨干支教。为帮扶集团内的薄弱学校,核心校派出骨干教师到集团内的薄弱学校进行柔性流动,并对支教工作制定了相关任务职责、考评办法、奖励办法等管理制度。支教教师尝试不同生源的同课异构,磨练自身教学能力,并通过带教、研讨等途径,带动该校的学科建设与教研水平。

教师跟教。支教的同时,成员校派有意愿成长的青年教师到核心校开展为期一年的跟教。集团制定相应的管理制度,明确任务职责、考评办法等,促使跟教老师明确目标与路径,汲取核心校在教学研究、教研组建设等方面的经验,提升个人专业素养。

教导蹲点。集团在支教跟教的基础上继续与集团内的薄弱学校结对,开展教导蹲点、联组教研的持续支教活动,定期开展现场指导、网络教研,帮助梳理教研组管理的操作流程,提供核心校的基准教案,通过"同课异构"的循环课研究将核心校的教案本土化。

全员跨校柔性流动。集团内所有学校每年有8%的教师参与集团内流动,涉及语、数、英、音乐、科技等学科,进一步扩大跨校带教的覆盖面。以机制促成"前期调研-启动筹划-对接推进-总结分析-调整完善"的规范流程运作,实现优质师资的共享,带动教师本人的专业发展与学校教研梯队的建设。

(二)前路难,文化碰撞下的"水土不服"

教师流动,能促进教育思想、教学理念的碰撞与交流,能发挥骨干引领作用,为教研氛围注入活力,能改善各校教学质量发展不均衡的状况,从而实现教师个体发展和学校发展的双赢局面。流动带来的多重效益显见,但在实践探索中会发现,"流动"并非简单的岗位匹配,影响流动效果的因素不仅有显性条件,如教学能

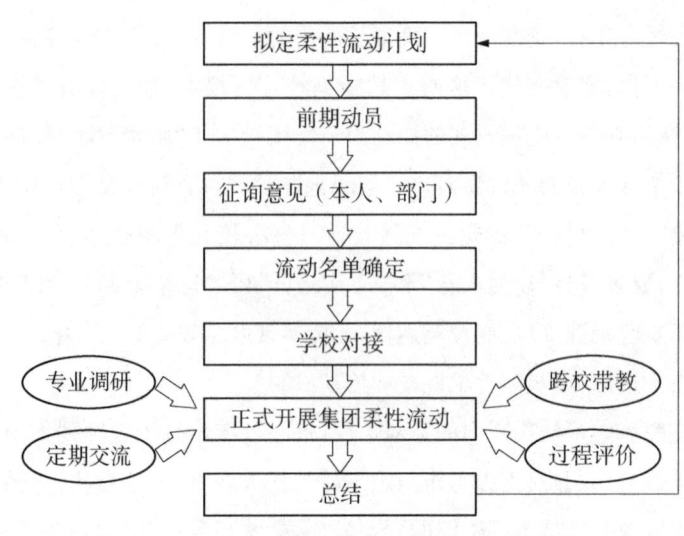

```
         ┌─────────────────┐
         │  拟定柔性流动计划  │◄──────┐
         └────────┬────────┘       │
                  ▼                │
         ┌─────────────────┐       │
         │    前期动员      │       │
         └────────┬────────┘       │
                  ▼                │
         ┌─────────────────┐       │
         │ 征询意见（本人、部门）│       │
         └────────┬────────┘       │
                  ▼                │
         ┌─────────────────┐       │
         │   流动名单确定    │       │
         └────────┬────────┘       │
                  ▼                │
         ┌─────────────────┐       │
         │    学校对接      │       │
         └────────┬────────┘       │
(专业调研)          ▼         (跨校带教)
         ┌─────────────────┐
         │ 正式开展集团柔性流动 │
(定期交流)└────────┬────────┘ (过程评价)
                  ▼
         ┌─────────────────┐
         │      总结        │───────┘
         └─────────────────┘
```

图 6-1　教师柔性流动运行机制

力、带班能力，更关键的还有隐性条件，如个体的流动意愿、认识预期、环境适应性等。

从教师反馈来看，从最初"换个地方上班"的想法，到"深入腹地"后"好像没那么简单"的困惑，追问其原因，"方方面面总感觉与原先学校不太一样，但又说不清楚"。一轮轮推进，一次次和教师的深入交流，才让我们锁定了这些"不太一样"又"不可名状"的复杂感受的真实诱因——文化冲突。

文化，是一种氛围、一种精神，是学校发展的灵魂。它如同空气一般，在学校整个场域内，无处不在，熏陶着教育环境中的每一个人，使每一个走进校园里的儿童、教师都能感受到。它诠释着教育愿景，融合于理念体系、制度规范、组织建设中，是学校发展绕不开的话题。身处其间，似乎很难用言语描述，但每一次选择、每一个改变、每一个行为，或多或少都有它的影子。流动过程中，因文化冲突产生的"水土不服"，提示管理者在师资配置与队伍建设上，要进一步拓宽视域与思路，以更多显性的机制保障，促使隐性的文化融合，确保与提升流动效益。

长二分校是集团内的一所薄弱学校。基于集团校内各校教学质量发展不均衡的状况，为更好地发挥中心校的辐射引领作用，2010年，上理工附小与其结对，试点进行教师流动：上理工附小派遣了经验丰富、教学能力强的英语备课组长朱倩老师前往长二分校，深入教学一线，带领该校英语备课组展开教学研究与实践。

而长二分校选送了一位有教学潜质、基本功扎实的青年教师到上理工附小学习。

流动之前，朱老师便明确了任务：第一，在对方的生源背景下，构建有效的课堂教学模式；第二，助力教研组建设。

对于教学经验丰富又充满干劲的朱老师而言，完成第一项任务自然不在话下。秉着"关注学生差异"的理念，从改变课堂开始，带领备课组老师研究学生，探讨教法。根据该校农民工子女的比例较高，学生缺乏良好的英语学习环境，基础薄弱等问题，朱老师率先示范，展示教学。课堂中，她从激发学生英语学习的兴趣入手，积极鼓励学生练口语。当老师们看到他们的学生在朱教师的循循善诱中渐渐走出"哑巴英语"的误境，与教师形成了良好的互动，变得敢说愿说时，都被朱老师的教学所折服。

而第二项任务"助力教研组建设"，却远不如想象中这么容易。在流动访谈中，朱老师几近崩溃、大倒苦水："上理工附小的团队，学习氛围浓郁，课前大家共同教研，讨论教法、分析教材、修改备课。为了一道命题设计可以'争'得面红耳赤，力求精讲精练。这里氛围却完全不同，老师们在办公室里从不讨论教学，都在聊家长里短的话题，把教学质量差都归咎到生源问题上。我想融入新的环境，但是太难了，真的，我天天扳着手指头倒计时，想回上理工附小上班……"

前路难，这次流动初体验，过程充满着困难，教师不仅需要调整生源差异带来的心理落差，同时还要回应高期待带来的压力。最终，流动教师圆满地完成了任务，同时也激发了我们对"教师柔性流动"工作新的思考：什么样的教师适合流动？对于校际间的文化冲突，应提供哪些心理支持？如何完善机制来更好地促进教师融入新环境？如何基于不同的预期目标，有效配置人员与团队？

这些问题是前行路上的挑战、难题，更是机遇。其揭示出流动的要义所在：教师流动指向师资均衡配置，而真正的均衡，并非是不考虑学校实际、不考虑教师需求的机械操作。因为这种削峰填谷式的做法，得到的只能是师资配备的表面均衡，而失去的将是师资质量的整体提升。而一次次追问、尝试、调整，则引领我们站在更高视角和格局，审视师资队伍建设的意义，找到实现优质均衡发展的最优路径。

（三）读懂这个共同体，一个理事长的自问

2009年，我在杨浦教育集团走过4个年头之时，杨浦区教育局决定成立第四个教育集团——上理工附小教育集团。和其他几个教育集团一样,其性质定义为非事业法人、非企业法人、非社团法人的公办学校教育发展联盟体。

上理工附小作为核心校,与周边五所学校(长二分校、内二小学、水丰路小学、水丰分校、国和小学)组成了上理工附小教育集团。围绕集团目标办学,六所学校相互都需要一个接纳和适应的过程。面对这个"非紧密型"共同体,面对每个阶段都会呈现的现实问题,我们必须思考和回应这些问题,走出集团办学的有效路径。

1. 澄清集团办学的意义

集团办学的意义何在?这个问题,教育局给出了明确的答案——区域内义务教育均衡发展的需要,看似没有必要深究。但新生的教育集团亟需用每个师生的切身感受来厘清这个问题,凝聚和引领大家,走向共同的价值追求。

2010年,上理工附小将"上理之星"的奖学金计划惠及整个集团。在"公益之星"和"自强之星"评比中,这样一群孩子走进我们的眼帘——

水丰分校杨朔同学,是个热心公益的孩子,带领同学清洁校园,号召大家义卖捐赠,组织夏令营探望老人,他总能给人活力和温暖。国和小学的孙艳同学,自强不息,父亲靠残疾车才能出行,她也受遗传影响行动不便,然而,懂事的她经常捡易拉罐和水瓶,她说这样既清洁马路,又可以贴补家用;她从不吵着添新衣,认为别人的旧衣服也很美丽,她以乐观勤奋,赢得了师生们的尊重……

这群从来没有得到过荣誉称号的普通孩子,在不同的学校演绎着精彩的故事,在教育集团平台上他们有着同样的名字"上理之星"。走上领奖台,他们自信的笑容打破了校际壁垒,让我们更清晰地看到:集团办学的意义与每所学校的梦想追求志同道合,都是让每个孩子成为最好的自己。

2. 建设教育集团的路径

对于新生的集团家庭来说,需要彼此的改变,更需要彼此的认同、接纳和互相的促进、扶持,这个过程充满问题和困难。我们该如何建设教育集团?我们不断地在问题中寻求建设性的突破,不断地在困难中取向更积极的资源。这个寻求和取向的过程,犹如剥茧成蝶的蜕变,推动我去追问"建设"的路径方法。

追问一:如何让成员校走到一起?

作为核心校,上理工附小是一所成长中的新优质项目学校,但缺少足够的优质师资的引领和辐射,整个集团300多名教师中,只有5名中高,4名区骨干,基本集中在上理工附小。集团学生中,外来务工同住子女集中在三所学校,比例达到79.7%、51.7%、39.8%。

面对集团各校的差异,以及并不丰厚的办学基础,集团理事会做的第一件事就是"整合资源"——动员大家亮出所有的教师和课程"家底",放在台面上,供各校取用分享。为了保障这一举措的实施,集团理事会依据《上理工附小教育集团章程》,从运作机制入手,先后出台了《教育集团理事会例会制度》《教育集团课程统筹细则》《教育集团名师整合细则》《志愿教师工作手册》等文件。

为了保障"名师整合、课程统筹"的有序运作,理事会还明确了:

第一,理事会在师资柔性流动上有一定的权限和职责。

第二,统一各校作息时间,为"课程统筹"提供保障。

第三,探索"支教、游教、带教、研教"等联组教研方式。

这些机制和举措切实解决了集团新生阶段的问题。2009年,集团共享课程只有上理工附小"心理健康教育"课程和水丰小学的"生活与德育";2014年,增加到了8个:内二小学"围棋、神奇密码";上理工附小"纸条变变变、携手共进、小机器人";水丰分校"影视欣赏";长二分校"二十四节气、小巴辣子开会了"。

2009年,集团拥有中学高级教师5名,区级骨干教师4名;2014年,中学高级教师达到14名,区学科带头人3名,区级骨干教师14名。这期间,理事会又通过两轮《教育集团三年规划》来引领发展;还通过《联合教研协议》《教师柔性流动细则》细化了集团师资流动办法。

追问二:如何让成员校成为最好的自己?

校际藩篱逐渐被打破,我中有你,你中有我,融合后的成员校在目标上不断趋同。但办好集团,是要复制几个上理工附小?还是让每一所成员校都能成为自己,成为最好的自己?

"不一样的生命,一样的精彩"是上理工附小的办学理想,集团的愿景也是"不一样的学校,一样的精彩"。集团管理核心应源于各校的真实需求,帮助成员校设立合理的目标,通过提供"指导"和"支持"等个性化服务,帮助其克服困难,实现目标。

2010年,上理工附小首批加入上海市新优质学校项目,新优质学校的价值取向和教育联盟的目标导向,都在引领学校探寻"最近发展区",发现走向优质的路径。利用市新优质学校的资源,我带着校长们探访了平南小学、瞿溪路小学、市西小学,感受到办学的起点不能决定终点,校长的果敢智慧和团队的信心韧性才是决定办学走向的重要因素。

我们以各校三年规划为抓手,聚焦问题和瓶颈,提炼有新意、有实效、能辐射的经验成果,逐渐找到各自的发展目标和路径——

国和小学:倾力打造与"和谐教育"相匹配的"和悦课程"。

内二小学:成为具有鲜明围棋特色的"磁性"学校。

水丰小学:构建"上善如水、大爱得丰",孕养"如水"文化。

长二分校:构建师生成长的"彩虹校园"。

水丰分校:全面构建"以生为本、多元丰富"的学校课程。

当成员校依托集团提供的视野平台,不断转变观念和目标行动时,集团需要做的是:对已经取得突破、形成了有效经验的学校,加以鼓励和支持,使其快速走向全面优质。例如:内二小学的围棋课程,2013年从集团共享课程成为了区域推广课程。为此,集团启迪各校思考"校本特色课程如何促进学校的全面发展"。

追问三:如何让"去核心"成为可能?

集团各校渐渐成长起来,呈现出各自的精彩,集团发展已经不仅仅是上理工附小一所学校的责任了,我们在思考:如何让"去核心"成为可能?

为了改变以核心校为主的优势输出格局,我们通过共享课程实现各校师资柔性流动;通过重点项目推进,共同研究教学与评价;通过认领联组教研学科,实现分工主持。2014年,依据杨浦区教育局《教育集团分层考核办法》,拟定了《集团内部考核评估指标》,这一考核机制的意义是:对各校参与集团工作提出了具体的目标要求,探索出与集团目标相一致的校本发展之路。鼓励各校主动领衔或积极参与各个考核项目,共同承担集团均衡优质发展的责任和义务。

3. 展望集团各校发展未来

"去核心"走向共同发展,不仅是集团继续前行的目标,更是展望未来的蓝图。这个阶段的集团管理,为成员校提供更多的发展平台,更强的责任心,让校与校彼此联接,形成良性互动。各校不仅收获自主的成长,更积淀了融合的情谊。

"要走得快,那就一个人走;要走得远,那就一群人一起走。"教育集团是一个有着共同教育理想的"共同体",在教育局的坚强领导下,不断探索体制改革,在走向优质均衡的路上,演绎各自的精彩!

二、从工作思路到研究思路:循证改进

(一)立题与破题:"好的"教师流动是怎样的?

集团积极响应"关于推进教育集团内教师流动的若干意见",2016年5月全面启动集团内教师柔性流动。初期两批流动教师互派流动,主要都是通过校长直接商量,虽然按规定完成了两轮任务,但是教师流动依然是困扰校长和教师的难题。流动的意义何在?老师们为什么担心流动?这些思考引来的是上至理事长、中层干部,下到普通教师的头脑风暴:

"我认为好的流动应该是让每个流动中的教师得到提升,同时带动一个团队的提升,让更多的教师实现专业发展。"(理事长)

"大家是认可的,主要是工作态度很认真,但延续性比较少。""一般的教师可能造成一些负面的影响,教育教学质量方面下降,拉低全年级水平,需要回来的教师再花力气提上去。"(中层管理)

"教师参与本年级的活动,本身的辐射不是特别强,能积极参与到本校活动。""主要还是学生受益较多,但是老师回去之后影响就消失了。"(教师)

……

第一轮的头脑风暴,揭示了愿景和现实之间的差距,老师们肯定了现阶段流动的成效,但流动产生的负面影响也是我们必须解决的问题,需要我们进一步探索,找到问题的源头。

第二轮头脑风暴,我们请来了集团成员校校长、书记,中心话题是如何让老师们流动起来?各校在流动教师的安排前可以做哪些准备?

"我们在集团层面上应该不断加大宣传力度,发掘流动教师的闪光点,能够说说他们的故事。""我们每年有集团总结大会,让流动教师说说他们的故事,还可以表彰他们的工作。"

"我觉得我们每次的流动安排,都是拍着脑袋想的,应该在每次流动之前对全校教师的师资配置做现状分析,目前各学科有多少教师,占比是多少,优势学科是什么,薄弱学科是什么?""教师队伍发展的目标是什么,只有心中有数,才可能让

流动这个工作有目标感。""每次老师流动都要做很多工作,我觉得可以让他们自己报名。"

两次头脑风暴,启发大家从实际工作思路转为深层的思考,大家形成共识。流动工作需要科学的分析,形成长效发展的机制研究,更需要走进教师内心,挖掘他们更深层次的需求。

2017年,集团邀请第三方进行教师流动的综合调研,以调查分析为方式,以解决问题为导向,以循证改进为落脚点,全方位分析流动的实际效果、亟待改善的问题,并为机制的进一步优化提供建议和对策。

如图6-2所示,调研分为三大块,分别为流动机制、教师情况与流动成效。其中,流动机制与教师情况为自变量,流动成效为因变量。流动机制和教师情况影响流动成效,流动成效反过来能够作为调整流动机制的依据。

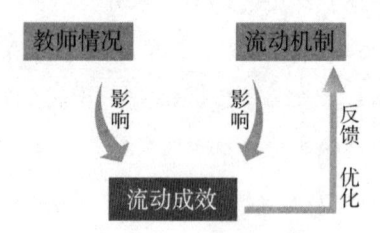

图6-2 项目思路

如图6-3所示,本次项目的调研部分,依据市、区集团化推进要求与本集团的特色,根据调研项目思路,拟定以下三大块调研内容:

01 流动机制
· 流动对象
· 流动形式
· 流动时间
· 流动反馈
· 流动评价
· 流动激励

02 流动教师
· 教师能力
· 教师性格

03 流动成效
· 教师自身
· 流入校
· 流出校
· 学生
· 家长

图6-3 调研维度与内容

调研实施通过问卷调查、深入访谈、数据处理三个路径实施,最终结果以问卷及访谈两种方式的结果进行综合分析获得。

基于调研数据解析,我们发现教师流动推进中的一些优势:

(1)流动成效凸显。超过六成的教师认为现在的流动对于教师个体都产生了较好的成效;近七成的教师认为教师流动对学校产生了积极影响;通过能力较强的教师流动,直接提升了该教师所教班级的学业质量及学生素质;学校为流动教师提供了丰富的发展平台。

(2)流动过的教师表示压力没有想象中的大。不愿意流动的教师中有44%的教师担心流动压力会较大。但实际流动过的教师中,只有13%的教师认为压力较大。

除了取得的成效外,我们还着重分析了教师流动中存在的问题:

(1)流动预期待建立。访谈中,24%的流动教师认为和日常教学没有差别,只是换个环境,并没有提升。有41%的流动教师在流动时没有设立目标,即便有个别教师设立了目标,目标本身也很少关注自身专业提升。

(2)评价机制待优化。41%的流动教师表示不清楚评价机制。作为过程性评价依据,流动教师工作手册的作用仅体现在资料留存,教师得到的反馈较少。而阶段性评价,评价标准未统一,指标较简单。

(3)活动组织待改进。针对流动教师的主题活动,基本停留在对适应新环境的心理上的支持,希望在更多层面提供支持。

(二)从经验判断走向科学论证:基于真实数据的策略改进

针对教师对流动任务不明确的问题,我们进一步修改了《流动教师工作手册》,关注教师个人的发展意愿。同时着眼于集团核心项目,梳理了《流动教师工作职责和管理条例》,增设了联组教研和课程开发的内容,使教师流动和个人专业成长、集团内涵发展同频共振。

基于调研,我们进一步优化了人员筛选的过程。各成员校填报《学校师资配置表》,梳理现阶段教师队伍的总体情况,甄别薄弱学科、待培养教师、高端教师比例等关键点。这一填报过程,促使各校从学校发展的角度出发,思考如何以教师流动为契机,整合资源,补齐短板。在此基础上,向集团推荐本次流动的教师名单。

基于调研中出现的教师对于流动持"不愿意""无所谓"态度的现象,集团锁定流动效果最关键的决定因素——教师流动的自主性。新一轮流动启动前,召开流动动员大会,通过"过来人"的现身说法、调研数据解析、流动政策宣传等方式,将"集团人"的概念渗透强化,打消教师顾虑,鼓励教师自主报名,从"被流动"到"选择流动"。

针对活动组织实效性的问题,我们进一步关注需求,初期以教师适应为主,疏导心理压力;之后以教学方法迁移、学情研究等主题,开展专题讨论,在专业上提供支持。

支招会:不适应怎么办

每月一次的流动教师专题讨论会首谈是"适应",很多老师流动初期表现为教学不适应:

"因为学校与学校之间还是存在差异,改变还是要根据学生情况有所调整。在运用上面还会遇到实际的困难。"

"老师和学生、环境都不相同,不一定能够全搬回来,不一定适用。"

而这些不适应根本点在于学生的差异,教师的差异。我们请集团骨干教师、中层干部在专题会上支招:

"第一节课结束,额头上的汗没有停过。课后,我和新同事、领导交流,同事热心的话语、领导善意的提醒,使我重新认识学情。此后,在教学过程中,我渐渐抓住几个关键点:课前关注学情差异,与教研组老师们讨论教材教法,共同制定教学计划;课堂上将教育理念融入每一个教学环节之中;课后展开多维度的评课交流,促进教师教学能力的共同提高。"

"对于从未接触过iPad教学的我来说,这是一次很大的挑战,怎样设计课件,如何发挥iPad的即时评价功能,如何通过iPad教学更好达成教学目标,一系列的问题向我袭来,让我一筹莫展。幸好我的身后有一群热心的小伙伴,英语教导伏瑾老师和备课组的老师都来给我'减压',不厌其烦地帮我一起研课、磨课,提出了许多宝贵的建议。"

"作为数学教导,我接到了派往内二小学流动的任务。离开熟悉的环境去往陌生的地方,心里不免忐忑。为了更好地开展工作,做到有的放矢,我对学校的整体情况进行了排摸工作。在与负责教学的陆平副校长进行了多次沟通后,对学校的师资情况、发展远景等都有了全面的了解,特别是教师现状、教学情况及急需解决的问题,同时梳理了数学组的成员情况……"

"作为派遣学校课程建设负责人前往长二分校流动一年,我准备采用'以点及面'的方式分步推进课程建设工作。我在众多耳熟能详的课程名称中,一下子被'创意巧手'这一名字所吸引,看着原来教师设计的课程,发现教师开发这门课程的目的是培养学生的创新能力,但是课程内容以及课程实施方式还是停留在'模仿'上。我想改造它,但又犯嘀咕:这门课的设计老师愿意投入课程改造吗?于是我找了课程设计者成老师多次,和她交流我的想法、我的课程理念,为了帮助成老师,我开始了跟踪听课、评课,最终两人达成共识,重构课程,优化实施方式。经过两个多月的打磨,一门全新的'创意巧手'课程诞生了。"

问卷调查:专业上需要怎样支撑

根据第三方调研结果,我们开始反思影响流动成效的关键问题:如何提升柔性流动实施的质量?集团在2018年末的工作问卷调查中,针对流动教师群体,设计了两题问卷:

1. 您认为,您校老师在流动期间,可以通过哪些路径提升他的专业发展?(单选)

数据显示,两组层面的调查者对这四个选项都有勾选,比较集中指向"关注不同梯队教师成长",相当比例的流动教师还勾选了"提供职称晋升平台"和"参与流入校项目研究"。

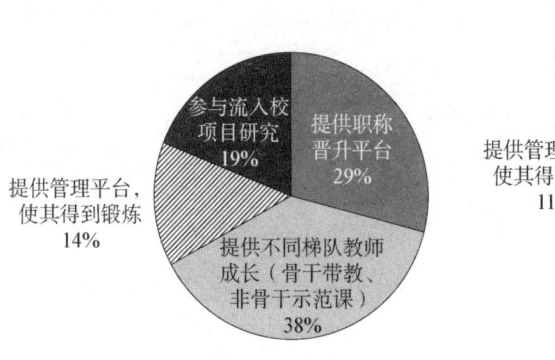

图6-4 流动期间的专业发展路径(校级中层)

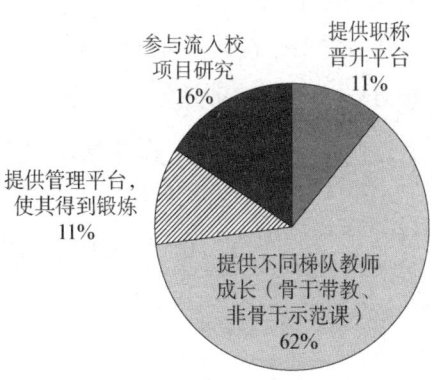

图6-5 流动期间的专业发展路径(流动教师)

第六章 上理工附小集团教师流动实录 121

教师流动过程中,还有哪些工作需要改进?(多选)

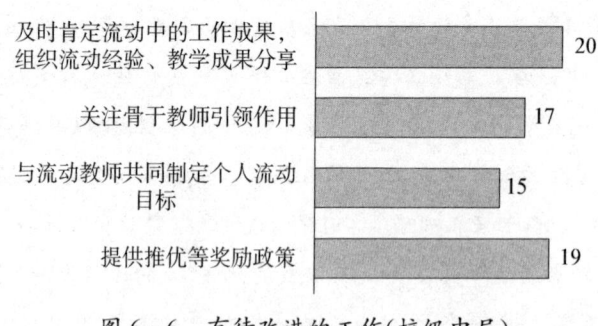

及时肯定流动中的工作成果,组织流动经验、教学成果分享 20
关注骨干教师引领作用 17
与流动教师共同制定个人流动目标 15
提供推优等奖励政策 19

图6-6 有待改进的工作(校级中层)

及时肯定流动中的工作成果,组织流动经验、教学成果分享 11
关注骨干教师引领作用 2
与流动教师共同制定个人流动目标 4
提供推优等奖励政策 14

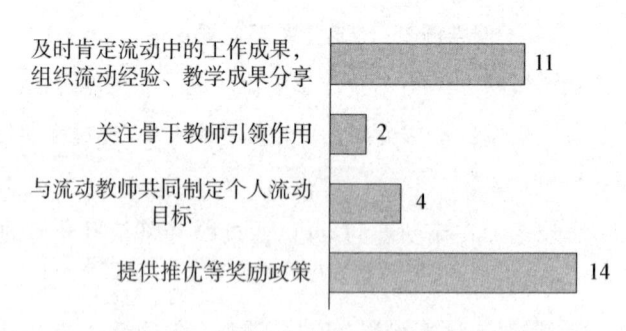

图6-7 有待改进的工作(流动教师)

从数据统计看,集团内校级中层干部指向较多的是"及时肯定流动中的工作成果,组织流动经验、教学成果分享",其次是"提供推优奖励政策";集团内流动教师指向较多的是"提供推优奖励政策",其次是"及时肯定流动中的工作成果,组织流动经验,教学成果分享"。

组建团队:专业发展方向在哪里?

2019年2月,我们座谈了解流动教师发展意愿,系统梳理了流动教师专业发展情况。统计下来,50%的教师表示有意愿专业发展,我们召集教师,大家集思广益,思考流动教师的专业发展方向在哪里?两年的流动,我们究竟可以获得怎样的成长?

"我们的学生差异比较大,很多原来的经验没办法搬过去。"

"每个学校课堂研究的点不一样,我希望流动这两年,能参与到团队中,跟着一起做课堂研究。"

"原来的作业分层不多,现在班级不一样,我要重新设计作业。"

"原来学校的拓展课,我上一二年级,流动的学校让我上三四年级,这个课程学生很喜欢,我打算进行改造,做一个升级版,中高年级学生会喜欢。"

老师们提出针对各校不同学情,需要对不同生源背景下的教学进行策略研究,也有的建议开展课堂(课程)文化的融入研究,老师们自由组合,组建了研究团队,开展教学实践活动。

案例一:带着课程去流动

水丰分校小朱老师参加的是课程文化融合研究团队,带着开发的"绳结编织"课程,走进了以"国学文化"为特色的国和小学。编织课程与学校所提出的弘扬发展传统文化的要求相契合。学校根据学生的需求,安排朱老师面向四五年级学生授课。

这个课程原本面向低年级,只为通过活动体验,在稚嫩的孩子心中种下一颗传统文化的种子。来到国和小学,面对年龄差距的大变化,对于朱老师来说,课程的调整是其不可少的一项重要工作。

为了能够完成课程的改良,以适应国和小学四五年级的学生,我非常重视第一节课。将其作为了解学生的重要途径,也为调整课程走好第一步。当我走进课堂,没想到齐刷刷的都是女生,而且个个兴趣浓厚。当我在介绍中国结的时候,还有不少学生能够与我呼应。当我在演示麦穗结的时候,我发现女孩们很快就知道了制作方法……课堂上,女孩儿们的兴趣既让我信心倍增,也让我有些担忧,生怕无法真正满足每个孩子的需求和学习热情。从孩子们的身上,我看到她们的表达、观察,以及思维能力等方面都较强。我的课程定位应该从原本的体验改变为探究,目标应该指向学生运用观察,自主探究,而不是单一的学习……

因孩子的差异,朱老师开始调整课程。她关注四五年级学生发现问题、解决问题能力的发展,关注学生技能的迁移和创新意识的培养。随着目标的调整(见表6-1),课程实施方式也发生了明显变化。

表6-1 "绳结编织"科目目标

	二、三年级	四、五年级
科目目标	1. 了解中国结的种类。 2. 学会用几种常用的编织手法编一种中国结。 3. 辨识生活中的手工编织物,能够编织简单的饰品,并且能够欣赏其他同学的作品。 4. 有序、有条理地完成学习任务,并及时清理桌面。 5. 能够在编织过程中感受到互帮互助、团结协作的力量。	1. 了解常见的中国结。 2. 学会穿、拉、抽、绕等中国结的编织手法,根据学习的方法,自主完成手链的编织。 3. 通过观察、制作,发现中国结的编织规律,且能利用规律完成一种中国结的编织。 4. 在编织过程中学会发现问题,利用拆解的方法解决这些问题。 5. 有序、有条理地完成学习任务,养成及时清理桌面的习惯。 6. 能够在编织过程中感受到互帮互助、团结协作的力量。

调整课程后,经过一轮的实践,让我愈发觉得孩子们会用他们看到的、想到的,给我更多惊喜。还记得第一次面向国和小学四五年级学生上这堂课时,是为了了解他们,让我的课程能够更好地服务于他们,适应他们。同样是这个内容,最初面向低年级,我花了2课时手把手教,感觉有点累。现在我知道,或许是这个内容对他们来说真的有点难。经过调整后,这次面向四五年级学生上课,只用了一课时,却让我有了一种"变则通"、豁然开朗的感觉。首先,学生自学。他们可以看视频,也可以拆开成品,同时自行尝试。第二,交流技巧。他们能够寻找到制作麦穗结的规律。第三,学生互助。你会发现学生间的互相学习、互相支持,有时比教师一味地讲授更有效。

同一门课程,因年级的变化,改变了目标,改变了实施方式。原本自己在学校默默地做课程,真不知道自己做得怎样。在这次流动的过程中,我把自己原来的课程带来了,本以为要根据年级调整原来的课程有点烦。但没想到在调整的过程中发现了原本设计似乎高于二三年级学生动手实践能力、观察能力的基础。如果回到学校还是在二三年级实施,我同样需要调整课程内容,寻找更为简单、易制作的中国结作为课程内容,以符合二三年级学生的学习基础。只有转变一种视角,课程才能通过有效的优化,提升其品质。

流动,让"绳结编织"课程因学生的差异而发生变化。调整课程目标,增设课程内容,增加任务难度,增强课程挑战性,以激发高年级学生的学习兴趣。优化课程实施方式,将原本示范讲授转变为任务驱动,增加信息化技术和学习手段;将原本关注学习结果转变为关注学生学习过程,鼓励学生发现、解决问题,鼓励学生有不同想法,巧妙运用生成性资源,让课堂更加灵动。朱老师的课程在不同学校实现了校本化移植,真正实现了课程文化融合。

案例二:一堂课的二次改造

水丰分校的小曹老师参加的是"不同生源下的教学的策略研究"团队,流入上理工附小,执教三年级数学。以下是她对《长方形的面积》这一课的探索。

《长方形的面积》是沪教版小学数学三年级第一学期"几何小实践"这一单元的内容,根据《上海市小学数学学科教学基本要求(试验本)》,学生对"长方形、正方形的面积"这一学习内容需达到"运用"水平。

在水丰分校,《长方形的面积》是在学生已经初步认识面积和面积单位的基础上进行教学的。通过学生已经掌握的长方形特征等有关知识,结合实际操作,初步得出长方形的面积计算与长和宽之间的关系,然后再进一步推广,总结出长方形的面积计算公式。到上理工附小,我参加了学校数学组"驱动性任务的课堂实践研究",因此,我借助《驱动性任务设计基本要素量表》设计了"比较两个长方形面积大小"这一任务,启发学生运用已学的知识解决问题,并由此引导学生尝试总结长方形和正方形的面积可以由边长为1厘米的正方形的个数表示,有几个边长是1厘米的正方形,它的面积就是几平方厘米(如表6-2所示)。

表6-2 "比较两个长方形面积大小"的任务设计

基本信息	年级	三年级第一学期 第五单元	所属板块	图形与几何
	课题	长方形和正方形的面积		
	核心概念	几何直观		
	活动名称	长方形和正方形的面积		
活动目标	\multicolumn{4}{l	}{1. 通过观察比较、动手实践,探索并掌握长方形与正方形的面积计算。 2. 用厘米方格和面积单位——平方厘米来表示图形的面积。}

续表

<table>
<tr><td rowspan="8">活动任务</td><td colspan="4">任务特征</td></tr>
<tr><td colspan="4">主体性　　真实性　　开放性　　挑战性　　合作性　　趣味性　　其他
Ⅰ☐Ⅱ☐Ⅲ☑Ⅳ☐　Ⅰ☐Ⅱ☐Ⅲ☑Ⅳ☐　Ⅰ☐Ⅱ☐Ⅲ☑Ⅳ☐　Ⅰ☐Ⅱ☐Ⅲ☑Ⅳ☐　Ⅰ☐Ⅱ☐Ⅲ☑Ⅳ☐　Ⅰ☐Ⅱ☑Ⅲ☐Ⅳ☐</td></tr>
<tr><td>活动性质</td><td>☑独立完成　☐同桌协作
☑小组合作　☐集体分享</td><td colspan="2">活动时间</td><td>☑课时活动：（10）分钟
☐单元活动：（　）课时</td></tr>
<tr><td colspan="2">任务类型</td><td colspan="2">认知水平</td></tr>
<tr><td colspan="2">☐感知体验
☑探究发现
☐理解运用</td><td colspan="2">☐有意识识记
☐解释性理解
☑探究性理解
☐综合性运用</td></tr>
<tr><td>活动资源</td><td colspan="3">☑工具学具　☑文本资料　☑媒体资源　☐场馆资源
☐活动教室</td></tr>
<tr><td rowspan="2">活动设计</td><td>驱动性任务描述</td><td colspan="2">预设学生表现</td></tr>
<tr><td>这儿有两个平面图形，谁能说出它们的名称？这两个图形哪个的面积大呢？有什么好方法可以来帮助我们呢？小组讨论一下。</td><td colspan="2">1. 学生各抒己见，表达自己的比较方法。
2. 比较不同的方法，感受长方形和正方形面积计算的简便方法。</td></tr>
</table>

通过对课堂驱动性任务实施反馈及前期学情检测的分析，发现面对比较图形大小这一任务情境，学生的学习主动性仍不够强烈，任务的驱动性和开放性不强。同时，上理工附小和水丰分校的学情状况很不一样，课前班上已有近一半的学生对长方形与正方形的面积计算公式有了一定的了解，已经知道长方形的面积计算公式是长×宽，正方形的面积计算公式是边长×边长。因此，如果本节课还是仅仅满足于让学生知道长方形与正方形的面积计算公式，会运用公式计算面积，对于那些已经对此有所了解的学生而言，简单的比较任务显然难以激发他们的学习动力，空间想象能力及问题解决能力的培养目标难以达成。

基于对学生实际学情的考量，依据课堂的真实反馈，对驱动性任务的设计进行了再次调整。(如表6-3所示)

表6-3 "比较两个长方形面积大小"的二次设计

基本信息	年级	三年级第一学期　第五单元	所属板块	图形与几何
	课题	长方形的面积		
	核心概念	几何直观		
	活动名称	长方形的面积		

活动目标	1. 通过想一想、画一画、量一量，经历长方形面积计算公式的推导过程，在实际体验中理解和掌握长方形面积计算的方法，积累几何学习的活动经验。 2. 在想象和测量过程中，建立方格纸上行数、列数与长方形的长、宽之间的联系，初步感受数学的抽象性，初步发展建立模型的能力。

活动任务	任务特征		
	主体性　真实性　开放性　挑战性　合作性　趣味性　其他 Ⅰ Ⅱ Ⅲ [Ⅳ]　Ⅰ Ⅱ Ⅲ [Ⅳ]　Ⅰ Ⅱ Ⅲ [Ⅳ]　Ⅰ Ⅱ Ⅲ [Ⅳ]　Ⅰ Ⅱ Ⅲ [Ⅳ]　Ⅰ Ⅱ Ⅲ [Ⅳ]　Ⅰ Ⅱ Ⅲ Ⅳ		
	活动性质	[✓]独立完成　□同桌协作 [✓]小组合作　[✓]集体分享	活动时间	[✓]课时活动：(20)分钟 □单元活动：(　)课时
	任务类型		认知水平	
	□感知体验 [✓]探究发现 □理解运用		□有意识识记 □解释性理解 [✓]探究性理解 □综合性运用	
	活动资源	[✓]工具学具　□文本资料　[✓]媒体资源　□场馆资源 □活动教室		
		驱动性任务描述	预设学生表现	
	活动设计	1. 你能画一个大小是 12 cm² 的长方形吗？哪种方法更快更好呢？ 2. 这里还有一个没有格子的长方形，你们知道它的面积吗？有什么方法可以知道？	1. 从结果来看：学生可能会画出①不是长方形的图形；②面积不是 12 cm² 的长方形；③周长是 12 cm 的长方形。从方法来看：可能会出现数格子、一行一行画阴影尝试、直接下笔一气呵成几种情况。 2. ①补全长方形中的格子；②画出一行一列格子；③量边长，画端点；④只量了边长。	

带着对驱动性任务的思考,来到课堂上:

师:现在老师这里还有一个长方形,没有格子。你们知道它的面积吗?有什么方法可以知道?把你的想法写在学习单上。小组讨论一下。

(生小组活动)

师:哪个小组愿意交流?(投影展示学习单)你是怎么想的?

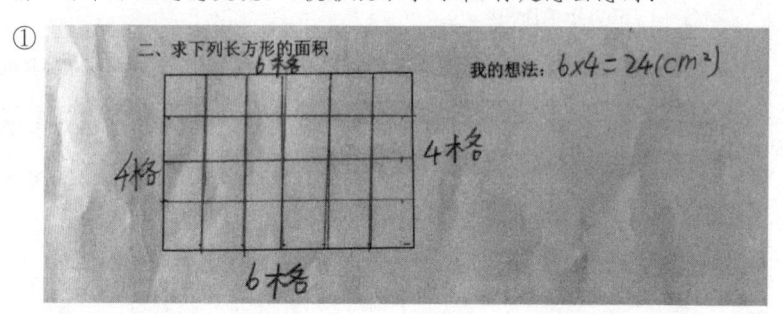

①

生:我把格子都画出来了,一共是 6×4 = 24 平方厘米。

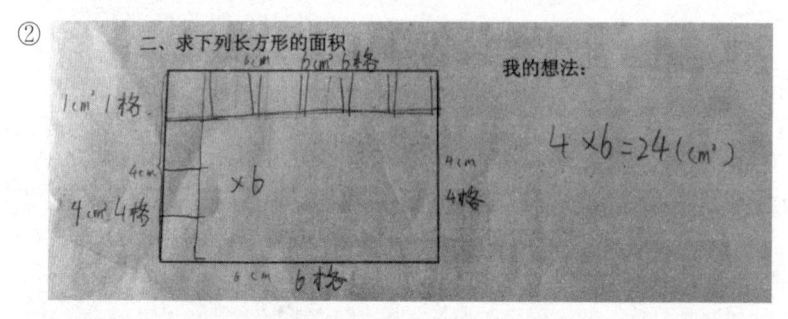

②

生:我画了一行和一列,就可以知道了。

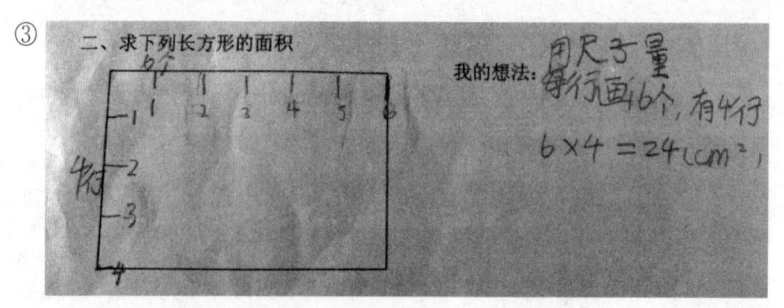

③

师:你能看懂他的标记吗?根据他的小标记你能想象出长方形中的格子吗?

(生点头)

④ 二、求下列长方形的面积

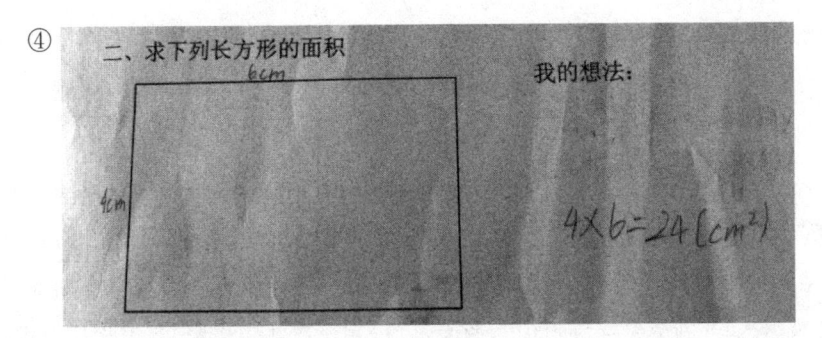

我的想法：

6cm

4cm

4×6=24（cm²）

生：我量了一下两条边，一条是4厘米，一条是6厘米，然后乘起来就是4×6=24平方厘米。

师：观察这几种做法，你能理解他们是怎么想的吗？

（生各抒己见）

师：刚刚选择量一量的小朋友，你们测量的是哪两条边长？（生指）通常我们把长方形的两组对边分别叫做长和宽。现在你知道课前同学提到的长方形面积等于长乘宽的计算方法是怎么来的了吗？你能理解吗？小组讨论一下。

师：谁能解释？

生："长"表示的就是每行有几格，"宽"表示的就是有几行。

师：是呀，长是几厘米，其实就是每行有几个1平方厘米。宽是几厘米，就是有几行。

这堂课由原来的"亦步亦趋"到"以问题为导向"的驱动性任务设计，前后的两次调整，使教师对于学情差异有了更深刻的理解。设计具备真实、有意义的情境任务，能激发学生的学习兴趣，帮助学生提升问题解决能力，尤为重要。

流动，让老师在课堂理念上发生了极大的转变，老师因学生的差异而发生着教学策略的变化，立足于自己所在的学校与班级，运用各种方法全面了解眼前的学生，再从学生实际出发，制定出更贴合学生实际的课堂教学，真正实现"不一样的学校，一样的精彩"。

三、木桶理论的启示：靶向帮扶，托起薄弱校的明天

"一只水桶能装多少水取决于它最短的那块木板。"这或许也是每一个组织需

要面临的共同问题,构成组织的各个部分往往是参差不齐的,而劣势部分则决定了整个组织的水平。劣势决定优势,劣势决定生死,这是竞争的残酷法则。只有补齐那块"短板",才能提升整个组织的核心竞争力。

学业质量是学校发展的生命线。薄弱学科的质量问题,便是制约集团发展的"短板"。由木桶理论带来的启示:抬高底部是实现集团发展必须攻克的关键命题。从管理者角度而言,进一步需要思考的是,集团携手合作之路上必须面对的"两难问题":一则要发挥集团化办学优势,建立合作共建机制,集聚优质资源,靶向帮扶薄弱学校;二则要避免资源的稀释与弱化。在更长远的过程中,让弱的渐强,而强的更强,实现"扬峰填谷"的可持续发展,这才是优质均衡发展的理想愿景。

(一)迈向均衡:打破心中藩篱

集团成立之前二十多年的办学,考虑更多的是怎样办出一所好学校。"好"的定义,是相比而言的。那就是,比以前更好,比别的学校更好,获得更好的社会声誉。所谓社会声誉,是超越同行之上的先进和卓越。为此,校长们会研究行业的标准,找到行业的标杆,超越它,直至自己成为行业标杆。期间,围绕竞争的一系列行为,比如争取资源,包括教师、设备、培训等等,成为先进的一切机会都变得理所当然。

对于择校热,令丁理事长记忆犹新的是招生那天接到的一个电话。电话的那头是一位老校长,"丁校长,你招了多少学生?你知道我招了几个?两天,10位老师招了3个学生!你是不是把我的学生都招到你们学校去了?"电话这头,丁校长的心头五味杂陈,除了委屈,更多的是难过。划片招生,上理工附小一直都是满满的,越来越满,而其他学校两天招3个学生的场景也着实令人心疼。

这或许就是竞争带来的结果。作为校长,自然希望学校越办越好,家长用"脚"投票。而作为教育者,与其他同行一样,怀着教育公平的理想愿景,希望那位老校长能和自己一样有力量,甚至做得更好。

2009年开始的集团化办学,从附小校长到集团理事长,令丁校长对办学中的种种理所应当有了新的认识。集团化,作为指向教育均衡优质发展的一个重大举措,实施最初是艰难的。她打了这样一个比方:先结婚后恋爱。各怀心事的联盟,与散沙无异。走到一起,形成共识,对教育有着共同理想和追求才能让联盟有力量来解决实现均衡道路上的各种问题。更重要的是,要放下惯性思维,将你的、我的,变成我们的、国家的！站在更高的境界,才能成为一名称职的集团办学的校长。

实现均衡,是模式化复制?

在成立集团的最初,以积极的资源取向看待每一所学校的发展,无论现实如何困难重重,每一所学校都有曾经的辉煌、现有的潜力。作为独立法人的松散联盟,如果以一种办学模式去复制,做不到、也没有必要。因此,"不一样的学校,一样的精彩"是上理工附小教育集团的办学理念。在集团内部考核中,围绕教育局的考核要求,鼓励每一所学校寻找自己的最近发展区,依据学校发展规划,编制个性化、特色化的指标。指标不仅凸显了集团发展的重点和亮点,更体现了办学思想引领下每一所学校的目标实现。

长二分校以"二十四节气"的校本课程研发,提振了教师的信心,主动寻求集团的支持,教学质量有了明显的进步,已经摆脱了落后的局面。水丰分校构建"梦想教育"的顶层设计,形成特色鲜明的学校文化、团结高效的管理团队,教学质量与上理工附小不相上下。水丰路小学确立了"上善若水,大爱得丰"的办学理念,以文化立校,办学更上了一个台阶,家长用"脚"投票。

正如杨国顺督学的点评,集团化办学的愿景是:

不一样的理念,办学"愿景"一样的经典;

不一样的管理,制度建设一样的精细;

不一样的改革,课堂教学一样的精致;

不一样的探索,校本课程一样的精品;

不一样的起点,师资素养一样的精湛;

不一样的学校,学生发展一样的精彩。

实现均衡,是"削峰填谷",还是"扬峰填谷"?

实现均衡,并不意味着"削峰填谷",这是制定集团发展规划时定的"调"。而当集团进入教师流动环节之后,会发现这是现实,无法规避和否认。教师的流动是双向的,上理工附小作为核心校,既有上理工附小的老师流向成员学校,也有成员学校的老师流入上理工附小。当家长站在丁校长面前,希望换回原来的老师,当教导主任拿着质量分析看着她的时候,丁校长深深地感受到"均衡"所带来的压力。

"我们要做的就是通过流动,让每个流动中的教师得到提升,同时带动一个团队的提升,让更多的教师实现专业发展。"对于团队,她这样解释。每年的新生家长会上,她会就师资安排对家长解释集团教师的概念,集团内都是我们的老师,不分彼此。

教师流动实现教育均衡,尤其是实现教师专业发展,仍有很多的问题需要解决,比如:怎样设置教师流动时间更加合理?既然骨干教师流动后都承担了相应的教学管理职责,是不是直接进行中层干部的流动更加有效?……同时,从集团成立之初的"满腔热情",到面对均衡带来的压力的"困惑焦灼",一路走来,对于"均衡"的内涵有了更丰富、更深刻的理解。均衡发展不会一蹴而就,一定是一个长期的分阶段实现的过程。也许,在一个阶段中就是不可避免地需要"削峰填谷",才能在更长远的发展中实现"扬峰填谷",让强的更强,弱的渐强,在加快发展中求均衡,在均衡发展中求公平。

集团化办学的实践,使得校长们有机会在更高的境界思考对学生的爱。当另一所学校的孩子缺老师时,会一样的担心,会努力派出支援教师;会不再执着于竞争,关照更多孩子的健康成长;会在思考师资配置时,着眼于集团整体需求,规划优质师资辐射引领……

合作与发展是经济政治的发展战略,同样适用于教育。教育者携手合作,共同探索教育的规律,培养更多的人才。为了更多孩子的健康成长,我们心连心,手牵手,办好自己的学校,办好更多的学校。

集团化办学的意义也许还不止于此,《三国演义》开篇便是"天下大势,分久必合,合久必分"。集团只是形式上的联盟,分分合合,经久轮回,正所谓"一个人走可以走得更快,一群人走,可以走得更远。"教育需要敢于创先的探索者,教育事业是国家长远发展的保障。作为教育者,只要心中有学生,有对教育事业的大爱,便可以打破心中的藩篱,用不懈的努力去实现我们的教育理想。

(二) 靶向流动:攻坚质量短板

期末,一年一度的上理工附小教育集团教师驻校流动工作启动,内二小学关于加强数学学科教学需集团提供教师支援的申请,摆在集团理事长丁利民的案头。

但与以往需要把集团内所有数学老师的情况都排摸一遍有所不同,今年,丁利民理事长只需打开电脑上的集团教师流动管理平台，按照内二小学的需求输入信息，系统会立刻匹配出三到四位集团内适合进行交流的教师。学科成熟度数值是该平台推荐教师流动方案的重要依据。集团教师流动管理平台，首先依据数据对师资队伍结构进行分析，包含教师个体因素、学科团队因素，再结合教师专业成熟度，计算出学校学科成熟度，平台不但可以实时呈现集团和成员校的师资队伍结构、各学科成熟度情况，还能智能生成流动方案，即时预览学科均衡度变化结果，查看各学科的学校差距变化，为集团决策提供参考。

对于基于信息平台的算法匹配，丁利民理事长说到："这个平台大大节约了我们进行教师匹配的时间，而根据数据计算出的候选人也更科学，更有利于我们进行聚焦式的教师驻校交流工作，促进集团内各学校优质均衡发展。"

根据内二小学的需求，上理工附小作为集团内优势校，依据平台数据，此次派出两名数学教师与薄弱校内二小学的两位数学教师交流互换，另外支援一名数学教导。通过对内二小学数学学科的"聚焦式流动"，内二小学的数学学科成熟度数值比流动前提升了11.90%（原3.78分，现4.23分），从集团末位跃升到了集团的第四名。

直面困境：基于调研的梯队建设

"到校后不久，教学中心的老师就给我介绍了内二小学'磁性课堂'的理念，由此我感受到了学校领导的务实创新。我看见这里的学生纯朴可爱，他们中大部分来自外来务工子弟和一般工薪阶层，家境一般，甚至因家庭教育的缺失，使这所学校存在为数不少的'问题孩子'，他们让老师们特别费心。"张昕老师，作为支援这所薄弱学校的学科教导，谈及对这所集团内的薄弱学校的最初印象，如是说。对于她来说，流动不仅仅要完成日常的教学工作，更重要的是学科团队的打造。立下"提升数学团队的整体实力，提升学业教学质量"的军令状，犹如肩头沉甸甸的重担，是挑战，更是责任。

为了更好地开展工作，做到有的放矢，张老师对学校的整体情况进行了排摸工作。与负责教学的陆平副校长进行了多次沟通后，对学校的师资情况、发展规划等都有了全面的了解，特别是教师现状、教学情况及急需解决的问题。通过跟踪听课、带教帮教、教研指导，她进一步分析数学学科团队的师资情况，摸清各层面教师的情况。在教研记录本上，密密麻麻地记录着关于课堂环节设计的建议、命题设计的调整、教师日常教学的情况等。半个学期下来,翻看着厚厚的一沓记录本,对于整个团队的梯队情况,张老师了然于胸。经过细细梳理,形成了一份完整的师资分析报告:

内二小学数学团队师资情况排摸记录

目前这所学校在校执教的共有9位数学老师,其中有2位是外校流动来的,1位为退休返聘教师,1位担任工会主席,1位数学教研组长(后期因病请假),还有4位年轻老师(教龄分别为7年、2年、1年和实习新教师)。教师队伍的年轻化,缺少成熟型有经验的老师,造成了这所学校数学学科师资力量的薄弱。

1. 成熟型教师

此次与我同来的两位流动老师,教学能力相对成熟,是我在内二小学开展工作的左膀右臂。

开鲁二小来的胡海俊老师教学能力很强,他熟悉教材,教学目标把握到位,上课思路清晰,练习设计能突破重点难点。但面对班级情况与原来学校的差异,学习困难学生人数较多的问题,他也觉得头疼。听完课后,我和他一起讨论对策,想办法改进,采取了每周五集中针对性补缺补差的方法,帮助这些孩子提高成绩。

上理工附小来的谢颖斐老师算较成熟的老师,她教学严谨,对教学常规要求落实到位,但因为她所执教的四(2)班有不少学习困难的学生,尤其还有一个行为比较特殊的孩子,为此常常苦恼。针对谢老师教学中的困惑,我们共同商量了应对措施:提高二次备课的针对性。四(4)班的学习情况同上理工附小班级水平比较接近,可以延用原先的教案和教学方法;而四(2)班学生因基础薄弱,学困生较多,所以教案一定要作相应调整:在新知探究部分,补充一两道模仿练习备用,巩固练习增加基础题,再适当减少提高练习的量。对于那个特殊孩子,我主动找他谈心,鼓励他克服自身惰性,积极去面对学习任务。在期末考试中,他居然及格了。我想,给老师以方法和策略,给特殊孩子以温暖和鼓励,我们的教学就会出现成效。

2. 年轻型教师

数学组中的4位年轻教师，是我听课关心的主要对象，她们是内二小学数学组的新生力量，她们的成长关系到学校数学学科教学质量的未来。

有着7年教龄的冯晶老师是一个思路清晰、教学语言表达到位的年轻教师，但教学设计比较传统，对问题的处理缺乏目标意识，显得随意。此次恰逢参加集团同课异构活动，我一次一次听课评课，帮助她不断完善这节课的教学设计，从教学活动的整体设计到每一个环节的细节：怎么问？怎么反馈？板书怎么呈现？媒体怎么出示？……这节课在展示活动中获得了好评。公开课后又听了她的随堂课后，还发现如下问题：课堂纪律把控不严、教学准备不充分、课堂形式随意单调。这些问题后续还要继续跟踪听课、指导，帮助她解决。

另两位教龄2年的薛瑛老师和教龄1年的陈喻欣老师，在听课后也发现了她们的一些问题：对于所教知识存在前后知识逻辑不明、知识结构不清晰的现象；缺乏对学生已有认知基础的分析，导致教学设计存在不合适的问题；课堂上还有一些被遗忘的孩子，游离在课堂之外。我联系了教研员王晴老师，一起对她们进行了跟踪听课，通过评课，帮助她们改进备课思路，逐步理清教学设计的关键：关注知识逻辑和学生认知基础；把握课堂学习的节奏，指导她们学会在课上关注学生的学习状态、学习进展和效果。

还有一位最年轻的实习新老师周玉清，她是个虚心好学的年轻人，虽说主要在我们上理工附小进行实习培训，但只要一有问题就会来问我，而我也乐于同她分享自己的想法。我和她一起设计了一年级的数学主题活动，并为她完成实习汇报课《数墙》出谋划策。

直击痛点：基于理念的教研文化

厘清了梯度情况，接下来要思考的是，如何"带好这群兵"。作为教龄超过30年的老教师，张老师亲历了"流动"一路走来的"成与败"。若干年前，骨干教师走教、游教的形式一度受到追捧，但效果往往"昙花一现"，骨干教师流动期间教学质量呈现短期上浮，而"后劲不足"的现象，等流动教师回归原本学校了，整个团队的教研氛围、教学质量又回到"老样子"。基于这些问题，张老师清楚地认识到：流动要真正发挥作用,关键是从"输血"到"造血"。要在流动期间,以教研氛围培育为抓手,厘清从学校理念到学科教学的转化途径,通过打磨课堂、研究命题,增强学科团队的综合实力。唯有如此,流动的引领辐射作用才能真正落地、延续。

结合前期的排摸调研与对于流动的深度分析,张老师锁定了"使命必达"的实践路径——理念引领下的教研文化培育。

在流动经验分享会上,以"磁性课堂理念引领下的教研文化建设"为题,张老师谈到了流动期间的具体做法和心得:

"围绕内二小学的'顺势而为,适性发展'办学理念,本学期数学组开展了一系列教学研究活动:集团同课异构、青年教师课堂教学展示、专题研究课汇报……这些课中,我也将上理工附小'驱动性任务设计'的策略引入进来,为理念落地寻找有效载体。例如,在冯晶老师参加集团同课异构的《统计表初步》一课中,用'帮助老师安排教室'这样的情境,充分调动了学生想要帮助老师一起解决问题的主动性和积极性,并将这一活动贯穿教学的始末,让孩子们体验了收集数据、分析数据的统计过程。孩子们积极提出自己的方案和理由的样子,真正体现了从尊重学生需求出发,顺势而为,以驱动性任务为引,以平等对话为基,以信任支持为扣,以思维发展为旨,激活了每一个学生的内在潜能。

这样的教学研究,不仅让执教的冯老师感触良多,一次一次的听课评课活动,也让数学组的其他老师深受触动,从而反思自己的课堂。让我感到欣慰的是,在青年教师课堂教学展示活动中,薛老师执教的《它们有多大》和陈老师执教的《用网格来估测》两节课,都多少体现出了这样的教学设计理念。相信假以时日,内二小学的数学课一定会呈现出一种'磁性'的魅力。"

突破难点:基于数据的质量分析

作为资深学科教导,张老师深谙"教学质量始终是学校工作的生命线"。教、学、评具有一致性,通过教学质量分析,能清晰、全面地反馈教师的教学情况和学校教学管理的问题。而在与团队教师交流的过程中,她发现,老师们对于教师质量的解读仍停留在主观的经验判断上,将学生学业质量不佳简单归结为生源不佳、家长不配合等外部因素,未基于质量的实际表现,未基于学科教学要求进行分析,更未从"评"出发,寻找"教"与"学"的薄弱点。

如何改变团队教师的质量观,指导老师们科学分析质量情况,寻找教学上的突破口？这是一道必答题。正当张老师苦于破题时，集团教学中心牵头的质量管理平台建设，借来了"东风"。基于信息平台的大数据，能实现整体分析、多维分析、趋势分析、评测分析与错误归因等功能，从而精准反馈学生实际掌握程度，为查找教学原因、改进教学策略提供科学依据。

"基于点数四分位图，请你分析一下班级的综合表现、差异程度和进步情况。"

"这两个班级的均分是一致的，但是实际的学情呢？能不能结合数据来分析一下？"

"能否结合本次试题难度和区分度，具体解析班级学生在各个题型上的反馈情况？尤其是基础知识版块的薄弱，反思教学中的实际问题是什么？"

……

AI数据生成和分析，让张老师找到了"转变质量观"的有利抓手，"好像拍了X光片，清晰精准地呈现了每一个知识点的达成度。这些数据摆在面前，是蛮震撼的。面对质量改进，再也不能简单地'拍脑袋'谈经验了，而是要真真正正地解析每一个数据，反思自己的教学，从每一次课堂教学、每一份练习设计的打磨开始，踏踏实实想办法。"

由此，阶段质量分析机制建立。每月一次，召开学科质量分析会，在数据的支持下，老师们反思自身的教学原因，提出针对性的改进措施，设计计算单项练习和单元跟进练习，跟踪学困生的补缺补差……

"刚刚开始，平台数据呈现给老师们带来了不小的冲击。每一个知识点的达成度、每一个阶段的进步程度、每一个班级的学生差异程度等等，无死角地暴露出来。但同时，我觉得这也是一个机会，让老师们抛掉那些固守的理念，在专业成长的道路上，勇敢地迈出一步。"

在期末流动教师调研访谈中，张老师如是总结。解读数据、严把质量，对于流动之初立下的"军令状"，她信心满满，"刚刚接受流动任务，说实话还是压力很大。但是深入团队以后，听课、带教、教研，感受到整个团队风貌的真实转变，看到流动带来的生动发展。虽然还有很多困难要克服，但我想，只要携手努力，一群人走，一定能走得更远、更稳。"

四、一群人走得更远：机制构建促紧密合作

课程育人是回归教育的本真路径，通过丰富多元、生动有趣的课程，修筑起通往外部精彩世界的"巴别塔"，满足学生个性化的学习需求，激发无限创意与乐趣，该是多么神奇、多么美妙的事……"学校能为你们做的就是将机会放置在你们能够触及的地方，然后由你们自己去抓取"。引用斯坦福大学教授常对学生说的这句话，学校课程建设的愿景就清晰可见。

"一个人走得更快，一群人走得更远。"教育集团内的课程共建共享，更大程度上打破了资源的壁垒，为突破课程建设的瓶颈问题提供了新思路，携手合作的效益远胜于单兵作战。而作为"松散联盟"，合作的关键在于科学合理的机制设计，以机制引领内涵发展，以机制促共建共享。

（一）1+1＞2,激活课程共建内生动力

课程成就精彩，愿景如此美好，但要让愿景照进现实，并非易事。期间，资源匮乏是校长们最为头疼的难题，这里的资源不仅仅是现有的课程资源，更核心的是课程开发的源头活水——优质师资。如何从学校理念出发，厘清课程整体架构？如何基于学生实际需求，突破资源限制，进一步提升课程数量与品质？如何科学评价现有课程建设情况，找到课程建设的关键路径与抓手？如何激活课程建设的"源头活水"，有效提升教师的课程开发能力？要解决这些课程建设中的关键问题，"人"是关键。教师的课程开发与实践能力，是撬动课程建设的支点，是可持续发展的动力。

1. 起点：问题导向下的机制构想

基于现实基础与亟待改善的问题，梳理机制设计的思路：

其一，关注教师能力提升。课程共享不能停留在"拿出一个课程"或"选用一个课程"，而是通过机制运作，持续打磨、自省、合作、探索，促使教师提炼课程开发、实施的有效经验，由点及面地带动整体课程建设。

其二，关注管理效益提升。机制本身具有自我修复与优化功能，通过科学调研与评估，形成一个良性的循环体系。

其三，关注可持续发展。机制构建的第一步，是明晰机构与参与人员。集团

课程共享,核心团队除了成员校课程负责人,还需进一步扩大队伍,吸纳具有创新实践能力的优质师资。立足可持续发展,流动教师成为首选,原因有三:(1)将流动教师吸纳到课程共享团队中,能促使其更快了解学校特色与文化,融入新环境;(2)带着任务流动,能更好地帮助教师建立流动预期,提升流动效益;(3)流动教师在参与共享后,有充分的的实践机会,能基于学情与学校特色进行二次开发,实现课程创新。

2. 路径:目标导向下的实践模型

基于机制构建的思路,形成了课程共享机制的实践模型,成立课程共享中心,明确组织架构与运作流程。如图6-8所示,课程中心的领导小组由集团理事长、集团理事组成,主要对整个机制进行顶层设计及统筹协调。工作小组则是由各成员校课程负责人、课程研发骨干教师及流动教师组成,共同制定课程申报、审核、选用、培训等制度,以及监督、管理机制的运行。

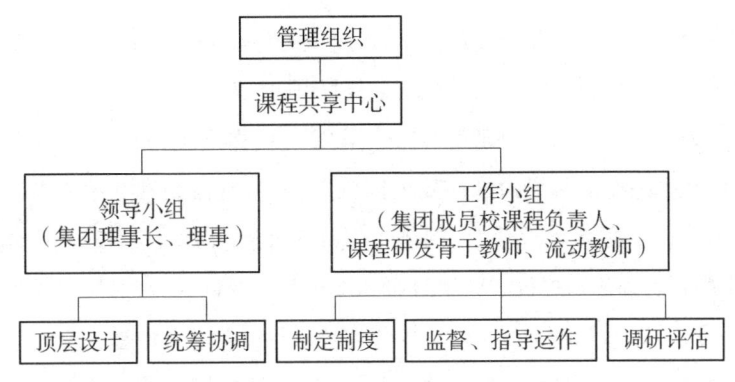

图6-8 上理工附小教育集团课程共享管理组织结构图

如图6-9所示,借鉴集团内前期课程共享的经验,初步构建课程共享机制的实施模型。

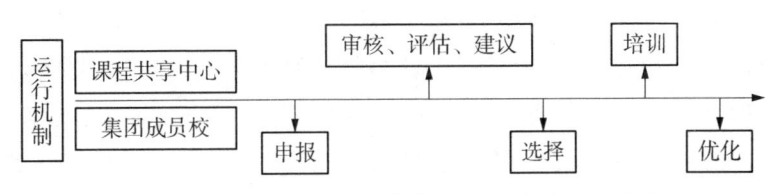

图6-9 上理工附小教育集团课程共享运行流程

厘清了"申报-审核-选择-培训-优化"的运作流程,明确了各关键节点的实施要求:

- 集团成员学校每学期至少向课程共享中心申报两门共享课程;
- 课程共享中心收到各校申报的课程后,依据课程规划、课程资源、课程实施情况进行审核,审核后纳入课程资源库;
- 集团各成员学校根据中心提供的建议,结合学校师资情况从资源库中选择所需课程;
- 对课程共享团队成员(课程负责人、课程研发骨干教师、集团流动教师)开展分层、分课程培训。

教师层面,由中心主持通识培训,通过理论学习、案例分享、模拟课堂等形式,帮助教师认识课程,初步了解课程的建设架构及路径,为进一步优化课程做准备;由各课程提供教师进行分课程专业知识培训,通过课堂教学研究、示范,指导教师把握实施重难点。

学校课程负责人层面,开展理论学习,厘清两类课程差异和定位;开展课程规划指导,结合探究型课程纲要编制要求,研讨优化方案。

此外,为进一步帮助教师建立目标感,激发其内在动机,调整了相关管理和评价制度,促使教师流动和集团内涵发展同频共振,鼓励流动教师积极参与课程共建共享:(1)修改了《流动教师工作手册》,着眼于集团核心项目,梳理了《流动教师工作职责和管理条例》,增设了联组教研和课程开发的内容;针对调研中教师不清楚评价和考核等问题,制定了《流动教师评价表》。(2)以"基础要求"和"特色加分"分层设计,以目标为导向,以过程为依据,细化课程维度的相关指标,将"自主开发拓展型(探究型)课程,将自己的课程建设经验进行分享,并向课程共享中心提出共享意向"作为流动教师考核的重要依据。(3)同时,出台《流动教师津贴发放办法》,使津贴的发放进一步倾斜骨干、倾斜课程和文化的共享。

3. 落地:机制驱动下的生动成长

课程共享、教师流动,原本看似是平行运行的两件事。由机制驱动,有效整合,既帮助流动教师建立目标感,激发内在动机,提升"流动"的成效,又促使课程共享攻克"师资"难题,为课程研发与实践储备新生力量。在机制运作的过程中,从"应用课程",到"二次开发",再到"尝试开发新课程",智慧火花在碰撞中更绚烂,在共享中更充满生机。"共享"与"流动"互融互促,成就了课程质与量的提升、成就了特色课程的打造,更成就了教师个体的生动成长。水丰路小学的寿甜老师就是其中一个典型代表。

2017年,见习期未满的寿老师流入集团核心校,对于这次流动任务,有困惑又有期待。困惑的是,与以往的流动不同,"课程开发"的要求加入了流动工作考核中,流动教师不但要完成学科教学任务,而且要全员参与到集团课程共享中,共同打磨、培植、应用、优化课程,这对于入职不久、对课程研发的基本方法尚未了解的青年教师来说,是个不小的挑战。而期待的是,在课程共享中心计划发布时,负责人薛老师对于整个集团课程共享机制的描摹、课程共建愿景的描摹,让富有创造力、乐于实践的新生力量预见了施展才华、发挥创意的广阔天地。

集团课程共享机制借来了"东风",多元的平台、丰富的资源、个性的指导,一场场专题指导、一次次头脑风暴、一次次实地考察、基于个性需求的带教指导、基于生成问题的分享沙龙,将理论与实践紧密联结,唤起这位青年教师对课程的深层思考:

"主题探究活动的一般设计方法和步骤是什么?"

"从课程实施情况看,仅仅停留在技能习得,该如何从内容和形式上创新,促使学生的能力与素养得到发展?"

"活动方案预设的目标难以达成,问题到底出在哪里?"

"现有的博物馆课程资源很多,应该如何有效整合资源?是否能从项目化设计的角度入手,尝试研发新课程?"

两年的流动经历,让寿老师向着从最初的面对学生"无从下手",到从学生问题出发"主动出击",从"上好一节探究课"到"尝试开发一个新课程"的目标推进。经历了两轮集团课程共享,与团队成员共同完成了10个课程的优化升级,但她收获的远不止这些。她踌躇满志,对课程研发充满热情;她能力丰实,在课程设计上有自己的想法;她敢于尝试,在试错和受挫中,突破发展瓶颈:

"我要做的不是做课程的'搬运工',把之前培训过的课程直接应用,而是要从我们学校的理念出发,将我所学到的、所思考的,转化为成果,为学校的特色课程打造提供富有创意的点子,为孩子们提供有趣的、富有挑战性的课程。"

回到自己学校,她已从职场新人蜕变为课程骨干,成为学校"快乐源"课程升级的核心团队成员。她为学校整体课程框架与规划献计献策,设计课程研发的校本培训方案,开发了以"水"为主题的探究活动——学校的污水去哪儿了、以"垃圾分类"为主题的探究活动——寻找辨别生熟鸡蛋的方法等5个探究学科项目化设计方案……由于在场馆课程设计上的独特想法,寿老师获得了2018上海科技馆博老师称号,同时她的设计获得了上海科技馆"精品课程"的荣誉。

小荷才露尖尖角,早有蜻蜓立上头。机制引领,为流动注入蓬勃生机,让流动教师在成长道路上,收获不一样的精彩。

(二)精准支持,理念引领下的课程规划

学校整体课程规划是学校迈向自主性变革的关键路径,是提升学校课程品质的有利抓手。这里所说的自主性变革,意味着一所学校自觉地厘清学校整体课程谱系,自觉地梳理学校课程变革逻辑,自觉地基于学校整体课程规划,建构自己的课程模式。如费孝通先生所言:"文化自觉是一个艰巨的过程",自觉性的变革要求课程规划者聚焦课程改革的关键领域与主要环节,将视域从单个课程打磨切换到整个课程体系的规划,将育人目标作为整体课程规划的起点与目标,统筹协调、深度推进。

对于一些薄弱学校来说,面对学校本身的课程资源稀缺、师资难以保证等实际难题,要走上自主变革之路,可能"比登天还难"。而教师流动,为这样的一批学校带来"春天":

内部建设动力不足? 外部资源补充!

缺乏课程整体思考? 价值理念澄清思路!

瓶颈问题难突破? 专家介入来支招!

流动,牵动起学校课程的深度变革。长二分校的成长足迹,便是其中一个鲜活的案例。作为集团内一所较薄弱的学校,中年教师居多,平均年龄45岁,大多教师参与课程建设的动力不足,整个课程体系未梳理清晰。经过多年努力,开发了特色课程《二十四节气》,形成了相关的课程资源。但在课程的深化与推广上,却始终停滞不前。用校长的话说,"能开足开齐课程、保证单个课程的质量已经不容易。想加强课程建设,提炼学校的特色文化,'人'是关键,'团队'是核心。学校课程建设走过不少弯路,也请过专家,但是我们愈来愈认识到,远水解决不了近渴。要把课程做强,需要更加'接地气'的筹划,需要'强内功'。"

2018年,集团开启了首批中层干部流动。

薛蕾老师作为上理工附小负责课程的中层干部,流动到长二分校。流动前,对于"帮助集团内薄弱学校厘清课程整体框架,提炼特色课程建设的基本思路"这样一个流动任务,她就提前做好了"功课"。

"当我知道新学期要到长二分校流动,就提前对这所学校的课程建设情况进行了调研。通过与杨校长的沟通了解到:学校的课程框架迟迟未能建构起来,关键问题在于,从理念体系到实践路径的梳理未清晰呈现。对于《二十四节气》这样一门特色课程,学校投入了大量时间和精力,已经基于现有资源完成了内容设计。但想进一步将课程成果推广,申报区域课题,好像总是'差一口气'"。

同时,她翻阅了这所学校现有的课程资料,包括现有课程规划、探究型、拓展型课程的科目方案、特色课程资源与汇编等。经历了这番"综合调研",薛老师心里有了底,摸清了这所学校的课程初态,对于将要开启的流动经历有了初步的打算。她在《流动教师工作手册》上,将梳理出的问题仔细记录下来:

课程目标与各年级目标之间未呈现逻辑;

课程内容在不同年级实施未见具体内容;

课程实施方式与学校所提倡的要求不符;

课程评价与课程目标之间未见关联……

带着对这些问题的思考,她走进了学校的课程研发团队,通过课堂观察、评课研课、学生访谈等形式,进一步分析课程实施的现状,寻找突破口。

"《二十四节气》课程是否体现了学校理念?课程要走得远,就要回到课程设计的原点思考,课程是否基于学生实际需求?是否体现育人目标?是否融合学校文化?"

"基于各年段学生的实际认知特点,我们可以想想看这门课程应该如何深化,能否基于学情,定位课程目标,串联起整个课程推进的体系?"

"盘点现有课程资源,哪些板块的内容是需要进一步增补的?"

"从学校整体课程框架看,能否从理念出发,提炼出核心概念,从而描摹出课程建设的图谱与框架?"

"现有的课堂观察量表是否契合学校的理念体系,老师们在教学设计和观课研课中用了这个工具吗?是否需要进一步调整?"

……

薛老师抛出了一连串的问题,带着课程核心团队共同进行头脑风暴,一次次追问、一次次打磨、一次次试错,唤起了教师对于课程的深层思考:

"课程设计,需要从学生角度出发,寻找孩子们的真实问题和想法。基于真实问题的设计,才能有效调动起孩子们的学习热情。"

"课堂上,之前都是我说得多,我总是不放心,怕他们出错。事实上,出错才是最宝贵的资源,这才是真实的学习体验。"

"作为核心课程团队,通过打磨我们的特色课程《二十四节气》,我对于研发课程、实施课程有了新的思考。从最初仅仅关注'量'的积累,到关注课程设置的整体性、系统性。"

"《二十四节气》特色课程可以融入学校各类活动中,这样就能串起不同领域、不同类型的课程,当然在这个过程中我们需要对学校课程进行统整与规划。"

……

为期两年的流动,帮助学校立足理念,厘清课程规划的路径与抓手,携手全体教师共同实践与创新,向着发展愿景不断努力!

流动,打破了资源限制,为薄弱学校的课程建设开启了一扇窗!

流动,搭建了平台,让智慧碰撞、创意迭起!

第七章
教师流动的成效与评价

一、教师流动对优化学校学科建设的作用

(一) 学科建设方向的特色形成

上理工附小集团的学科流动涵盖面广,涉及语文、数学、英语、道法、科技、体育、音乐、班主任、德育等学科与职能。学科之间通过流动教师制度,传递信息,互通理念。丰富理念,开展特色学科。同时,学科与学科之间也在潜移默化中不断搭建起桥梁。例如:建立特色学科课程群、教研文化的传递、课堂教学模式的转变等。

1. 优秀教研文化的传递

环境改变来源于文化的更新。不同类型的学校之间通过流动制度交流与合作,多元教育教学文化兼容并蓄。俗话说:一方水土养育一方人。学校的教研工作作为学校教学质量提升的关键因素,是学校教学发展的稳定来源。科学的流动教师组合为优秀学校教研文化的传递带来收益。按教师个人的教育年限(职初教师、青年教师、成熟教师),按教师个人的专业成熟度(普通教师、骨干教师、学科名师),按流动学校的内涵建设需要(学科骨干、特色教师、中层干部),不同的教师流动有着不同的目标与使命。教师流动搭建起了学校与学校之间互相促进的细胞,它们在互动中成长。教师在不同文化中的适应与坚守,青年教师职业价值实现,青年教师之间的互动与成长;发挥集团教育教学经验的中流砥柱作用;成熟教师发挥骨干引领作用的薄弱校改进。

优秀教研文化是提高学校教学质量,提升教师学科教学研究能力,促进教师

专业成长的平台。在教研中关注每个学校不同的学生需求、教师教学。教师之间分工协作,通过长期的合作与互相支持,教研组逐渐形成各自不同的风格。同时,又通过实践,不断反思提升。回归到学校内部的教研组建设时,教师通过开放接受与优化自身相结合,强化凝聚力。

2. 学校特色发展的优化

集团学校各有特色,通过教师流动,可以使得学校特色更加鲜明,尚未凸显出特色的学校在学习中进行优化,逐渐确立特色。学校特色建设不仅是社会、经济发展的客观要求,事关素质教育的落实与推进,更是学校自身生存和发展的需要。为了发挥集团学校的引领作用,上理工附小分享了自己的办学经验,发挥辐射引领作用。针对学校管理者:集团引领者开展多维视角下的学校管理思考与成长,同时用发展的眼光看问题。抓好两个抓手:一是中层干部的流动学习。二是树立特色教师流动的目标是为更好地特色发展。干部和教师群体都能够关注学校的特色发展,深化意识。通过一对多的领导结对形式,提高领导班子的创造力、凝聚力和战斗力。学校通过中层学校管理者的流动,加强教师队伍建设,内化特色理念。学校的任何特色都需要教师队伍主力军来实现。除此之外,上理工附小集团通过主题活动,向集团成员学校展示如何凸显自己学校的特色内涵,推动集团校的成长,科学的教师流动制度为各校特色发展提供了新思路。

(二) 学科教学研究的动态成长

教师流动促进区域间的教师打破学校壁垒,不断通过课题、科研讨论,促进学校学科教学的动态成长。实现集团联组教研,科研成果的互通有无等,致力于打造优秀的学科团队。

1. 凝聚学科教研团队

协同集团校教研以"研"作为突破口,强校带动弱校,实现教育资源的共享和教育的均衡发展。在研究的方向上:以课堂教学为立足点,寻找共同的教学重难点;以研读教材为出发点,发现共同感兴趣的专题。在研究活动的组织形式上以提升专业技能为目标,开展形式多样的活动。协同的范围可以是一个强校带动一个弱校或几个弱校。在团队建设的过程中,薄弱学校的发展一定要着眼课堂,让老师站得稳讲台,能够有效驾驭课堂。强校骨干教师走近薄弱学校的课堂,亲自诊断,找到解决问题的方案;老师经过反思,然后在课堂上运用,验证方案是否可行;在反思和验证中,老师的教学能力将会得到质的提升。这种贴身指导,对于薄弱学校教研团队的成长十分有利。一是长了见识,因为学校老师接收新信息的机会少,通过指导,能学习到如何从不同角度发现教学中出现的问题、运用哪些标准去改正我们的教学。老师们在热烈的研讨氛围中,感受到教研需要大家的积极参与,利于形成积极的教研文化。二是在研讨中学习关注核心问题,集中发力,做到一课一得,"研"有所获,不断发现问题,不断提升自我。教研团队的成员自觉参与、主动探寻,集体智慧的汇聚形成教研的合力,为学校教研的持续发展提供足够的动力。总体而言,协同教研打破了地理因素的限制,实现了区域内学校教研共同发展,为集团内学校的教研发展和教师的专业成长提供了一条新的路径,形成了区域研修均衡发展的格局,解决了学校专业发展中的问题,促进了教研活动有序健康发展,提升了集团学校教师的教学水平和业务能力。

2. 良性教科研生态链的建立

在教学中发现问题、解决问题是一个学校良性教科研生态形成的最重要条件。在上理工附小集团的教科研究中,以问题为导向进行项目化学习,分析不同学校之间的着力点。特别是基于评价制度的研究在不断的细化中推进。集团中不同学校多样化的教科研团队互相成就,不同的研究方法与方向丰富了教科研的方向,以此为契机的团队研究主题也为科研发展提供了联结问题,研究不断走向持续深入。项目化学习和基于问题的学习是一种以问题为驱动,注重持续性的深入探究的学习方式。项目化学习需要解决某个问题,产生可见的公开成果,引导所有参与者和公众对成果进行评论和分析,成果的修订、完善、公开报告的过程被看作学习的重要组成部分。项目化学习中所研究的问题能更偏向于真实世界,以及在真实世界中如何运用这种思维方式、思维技能来解决问题。

(三) 学生学科学习的不断提升

学校环境在不断更新,教师教学在不断优化,学生也在新的环境教学中汲取营养。提升学生的学习素养,进而促进学科教学质量的全面提升。

1. 行为习惯的养成与蜕变

教师的教学风格会让学生在不知不觉中产生潜意识的影响,这种影响不仅体现在学习行为方面,还有生活习惯以及性格品性上。在教学方面强调规则有利于培养学生对问题思考的能力,敢于质疑问题,从而养成认真严谨的学习习惯。这种教学的风格主要表现在老师讲课的思路条理非常清晰,内容层次明了,一个环节内容紧扣着另一环节,老师在讲课的过程中比较注重理论知识。理智教学的教师可以以理服人,可以通过活跃的解题思维给学生做一个表率,充分引起学生注意力,更好地培养学生学习行为习惯,增加学习的积极性和自主性,用理性的教学方法来控制教学课堂的进度。具有情感的教学风格是最能打动学生的,对培养学生积极回答问题、勇于发言起着至关重要的影响。情感型的教学风格大多是体现在教师的教学过程当中是否饱含激情、具有强烈的感情色彩;在情节内容丰富之处是否可以给学生一种振奋人心的力量、引起教师与学生之间的思想共鸣等等。在师生能够友好、和平的基础上,一起营造出对学习知识的诉求和渴望,用自己的真情实感探索真理的内容。学生在这样的教学风格之下,也会对教师的教学行为和情感表达耳濡目染,进一步促进学生的学习习惯养成。教师的教学风格对学生的学习习惯养成具有很大的作用,不同的教学风格会对学生产生不同的效果,对学生和教师而言都是一种挑战,所以作为教师,要不断提升自己的文化素养,对学生言传身教,让学生在潜移默化当中形成良好的学习习惯,促进日后学习的发展。

2. 学科学习方法的更新

学生完成学习活动的本领,即提高学习活动效率,使学习活动和任务顺利完成的心理素质,使知识内化的思路、技巧与方法。它包含自学能力、思维能力、观察能力和操作能力。在教师流动机制中,教师队伍的不断更新给予了学生不同的反馈。学生有了思维的学习路线,引导学生找到解决学习的方法,则课堂气氛活跃,从问题提出到结论得出,学生的学习积极性必然得到正向刺激。学生也在不同的教师风格中感受不同的方法。学生学习不是单一、单向的,而是动态生成的。学生在教师的影响下,发现问题、解决问题,逐渐培养学习的兴趣。同时,学生思维的敏捷性也在日常教学中得到不断锻炼。

3. "新鲜"的学习环境

学生学习环境主要是由学校环境和教师教学软环境组成。教师流动带动学校环境和教学软环境的改变。学校积极的学习氛围,有利于带动学生的主动性。心理学者布鲁纳指出,当人处在浓厚的学习氛围下,积极的情绪会感染你,提升你的学习兴趣。良好的学习环境对学生很重要,教师流动带动的学习环境的改变为学生营造良好的学习环境创造条件。

二、教师流动对教师个人成长的作用

教师流动中,优秀教师的力量带动周围教师,重燃教师职业的敬畏感;教师流动的成长来源于内驱力、环境的更新等因素。专业能力的提升包括知识的更新、教学经验的交流、专业知识的储备等。教师流动带动不同学校教师间的沟通与交流。教师在项目中学习与成长。

(一) 师德素养的培养

1. 终身学习的必要

联合国教科文组织曾做过一项调查,研究教师的教育经验与教育效果之间的关系。结果发现,教师刚走上工作岗位的五年之内,教学效果与教龄成正比关系。第五年至第八年,普遍出现一个平稳发展的"高原期"。第八年之后,教师群体逐渐开始分化,大部分人的教学水平和教学效果出现徘徊甚至逐渐下降的趋势,虽然各人的徘徊期长短不一,下降的速度也不一致,但他们逐渐变得平庸的原因是相同的,那就是来自对教学工作的厌倦与自身的惰性。只有其中的一小部分教师经过自身的努力,不断学习,不断反思,不断探索,突破了"高原期",实现了自身的可持续性发展,教学水平得到升华,教学质量不断提高,最后逐步发展成为"专家型""学者型"的教师。可见,教学反思是教师由"经验型"向"研究型"转型的一个重要条件。我们可以这样说,一位教师要想成为"专家型""学者型"教师,就必须学会反思,善于反思,让反思成为教师的自觉行为。反思是教师以自己的职业活动为思考对象,对自己在职业中所做出的行为以及由此产生的结果进行审视和分析的过程。反思的本质是一种理解与实践之间的对话,是两者之间相互沟通的桥梁,又是理想自我与现实自我的心灵上的沟通。显然,反思不是一般意义上的"回顾",而是反省、思考、探索和解决教育教学过程中各个方面存在的问题,它具有研究性质,是"教师专业发展和自我成长的核心因素"。自我反思有助于改造和提升教师的教学经验,经验+反思=成长,没有经过反思的经验是狭隘的经验,系统性不强,理解不深透,它只能形成肤浅的认识,并容易导致教师产生封闭的心态,不仅无助于而且可能阻碍教师的专业成长。只有通过反思,使原始的经验不断地处于被审视、被修正、被强化、被否定等思维加工中,去粗存精,去伪存真,这样经验才会得到提炼、得到升华,从而成为一种开放性的系统和理性的力量,[①]唯其如此,经验才能成为促进教师专业成长的有力杠杆。教学反思贯穿于教师的教学生涯,而不是某一阶段的特殊任务。我思故我在,我思故我新。因此,流动中的教师更善于在新鲜环境中进行思考,就不会简单机械地"教"教材,而是创造性地"用"教材,树立教材"引子观",即把教材看作"引子",引发学生去学习,去思考。教材作为"引子"而体现的课堂,教学过程自然而然成为师生之间、学生之间相互启发、互教互学、共同构建的过程,成为一种沟通和交流的过程,从而使教学绽放出永久的魅力。

2. 家校关系改变的磨合

在教师流动过程中,也出现了很多教师在原本熟悉的环境中没有发现的问题,即师生关系中家长角色的转变。在访谈中L老师就表达了这样的观点:去了S校流动,感觉自己无形中把上理工的教育理念带了过去,接班前,有个家长一直投诉,后来我一直主动找她聊,理解她的为难,同情她的痛苦,她也变了,再也不打投诉电话了。她的孩子也转变很大。回来以后,我看学生的视角不同了,比以前更能看到特殊孩子闪光的那一面。

教师的职业素养体现在方方面面,特别在处理家长问题时,更是不易。不同的学校教学氛围也在潜移默化中培养了一个教师处理问题的风格,因此,动态的教师流动为各校输送了新鲜血液。比起单纯的班级矛盾处理,更让班主任老师战战兢兢的是家长对于校内矛盾的过度解读和扩大化处理。

"就拿布置作业这个事来说,要求作业不超过半小时,但其实每个孩子学习能力不同,完成作业时间也不同,有些家长不管,直接打热线。"另一名老师告诉访谈者,随着现在市长热线、教育热线、在线问政、满意度调查等表达意见途径的增多,很多时候"公开投诉"成为家长们要挟老师妥协的利器。"有的家长心里有意见,但怕得罪老师,对孩子不好,所以不直接跟老师说,背后匿名举报,这是我们老师最怕的。"在这名L班主任看来,家校矛盾的错误处理,带来的不仅仅是对老师职业热情的伤害,还有对全班孩子成长可能性的损害。同时,根据事件性质的变化,

---

① 王世成,洪成旗.发挥名师工作室作用,"四轮"驱动新教师专业发展[J].地理教育,2021(03):50—51.

根据以往的处理经验,对家长和学校给出了自己的建议。"希望家长们,在面对家校矛盾时,能够更加理性一点,采用更加合作、更加利于沟通的方式来表达诉求。对于学校,面对家校矛盾问题不能一味逃避,首先要摆正心态,与孩子的监护人直接面对面正式交流,而避免与孩子的祖辈、其他亲属交流。同时,学校可以积极借助多方的力量,在不推卸责任的前提下,采用各种力量与家长进行专业、充分沟通。当校方处理不了时,一定要发挥法律顾问的力量,借助专业律师的介入,把学校从家校矛盾中解脱出来。"

对于老师,则需要进一步提高应对突发事件的能力,特别是预防识别校园欺凌的能力,一定要充分调查了解事件的来龙去脉,和家长进行及时有效沟通,并妥善保留沟通证据。

3. 关爱学生伴随教学生涯

尊重学生,是教师建立师生间平等关系的表现。在师生平等的交往关系中,只有教师的爱是真爱,学生也才能够感受到教师的爱,从而接受教师对自己的教育。热爱学生是处理师生关系的基础和根本出发点,教师在具体的教育教学实践中,把学生的成长放在第一位,关爱每一位学生是高尚师德的具体体现。

(二) 专业能力的提升

1. 理念更新促学习

学校教育过程中,我们在处理遇到的问题时,教师的教育观念不同,便会有不同的处理结果。在传统教育观念下,当学生犯了错时,我们一般的做法就是把学生训斥一顿,弄得师生关系紧张。好一些的教师可以自己讲出一种办法,让学生身体力行去做,从内心、情感上去感化他们,让这件事过去了。在上述教育情境中,教师眼中的学生是主动的,是愿意学习的、肯钻研的,是聪明的、有发展潜力的。在这样的观念下,就有了这样的教育方法,也就有了学生的出乎教师意料却又在教师期望之中的成绩。这里,教师面临着自己教育观念的更新问题。流动的教师作为载体,传达了这样的观念:(1)教师要有正确的发展观。教师把教育过程不仅看成是传授书本知识的过程,更要看作是发展学生的过程。这个教育情境让我们体验到师生是互相启发的,师生是互动发展、共同发展的。(2)教师要有正确的学生观。教师能看到每一个学生都有着巨大的发展潜能,只要创造机会,引导得法,学生就会做出出乎意料的创造。(3)教师要有更新的教育观。

教师要确立新的教育本质观,要认识到教育除了传授知识外,还有培养创新能力的功能。同时认识到教育应回归生活,在日常的生活中就存在着巨大的潜在的教育资源,有待教师和学生去共同开发,这样做有利于激发学生的学习和创造兴趣。(4)教师要有对学生发展的敏感性,善于创造教育时机,鼓励和引导学生发展。①

2. 个人教学魅力

教师的语言艺术的魅力可以为学生带来不同的学习体验。规范的教态和规范的语言为学生带来了规范,也为学校与学校之间文化的传递提供了桥梁。特别是集团内教师之间已经形成了互相学习,互相促进的风气。在调研中,Z老师表达了这样的观点:以前一直重视语文课堂,来到水丰学校,两星期一次班主任培训使我收益颇多,每次主题发言、案例交流,都让我学习了很多班主任工作经验,我还第一次带教了徒弟,学会多关心别人,锻炼人际交往能力。在一次次的课堂教学转型的观课和同课异构的学习中,逐渐熟练掌握教学技能。

3. 综合素养促教学

以水丰学校为例的教师带教制度是以青年教师为主,开展青年教师沙龙,邀请成熟型教师与青年教师进行互动和交流。教师是学校的未来和希望,他们的思想、政治、业务素质如何,将决定学校的前途和命运。为了加大对青年教师的培养力度,使其快速成长,集团学校还把未满35周岁的青年教师列为"青蓝工程"培养范围。开展新老教师师徒结对活动;专题培训(教育科研知识、班级管理知识、多媒体课件制作等);理论学习(教师的职业道德、现代教育理论、有关课题研究理论、心理健康教育理论等);教学实践(每学期每人上一节考核课;担任一次"备课——说课——上课——评课——悟课(反思)"一条龙的试教课,邀请校内外名师做课堂教学评点);撰写教学案例;组织参加主题教学论坛;通过组织参加听课、观摩活动等多种方式,加大培养力度。要求他们学习理论,更新观念。做到"四个一":一周写一点感受,一月写一个案例,一学期读一本教育书刊(有读书笔记),一学期写一篇论文;教学实践,寻探规律。做到"四个必须":备课必须详细,能写教

---

① 于彬,张利国.构建青年教师成长共同体的实践研究——以山东省东营市胜利教育管理中心"614教育联盟"为例[J].教学月刊·中学版(教学管理),2021(C1):49—52.

学后记;每周必须听师傅(或师傅听)一节课;每学期必须参与好备课、说课、上课、评课、悟课等一条龙教研活动;每学年必须做好一堂汇报课。同时,学校每学期至少召开一次青蓝工程工作会议;每学期至少召开一次师徒研讨会;每年进行教学基本功比武,即:教案、论文、课堂教学、课件制作、毛笔字、钢笔字、粉笔字、朗读比赛;每学年进行一次综合考核。考核分教学工作、班主任工作两块,分别由考核小组制定考核标准,进行考核。每学年召开"青蓝工程"工作总结表彰会,对荣获"青蓝"奖的青年教师给予奖励,相关指导教师也给予奖励。通过几年努力,大部分青年教师已成为学校的骨干,担任备课组长、教研组长。多名教师在市、区教学评比中获奖,或者在不同的刊物上发表文章。

(三) 教学科研的学习

1. 转变观念实现科研自觉

学校实施素质教育,教师是关键;教育科研,也要以教师为本。过去,由于教师编制紧,教学任务繁重,再加上认识的局限,教师普遍缺乏科研意识。近几年教师流动所带动的学校与学校之间的联系日益紧密,教师教育科研十分活跃,中小学教师教育科研意识明显增强,一个普及性、群众性教育科研局面已经形成。但目前,教师教育科研的基础素质相对薄弱,科研能力尚显不足,在一定程度上影响了教育科研的有效推进,若不及时引导,必将挫伤教师参与教育科研的积极性,形成中小学教师教育科研内部的恶性循环。解决这一难题的重点是逐步培养和提高中小学教师的教育科研能力。

2. 经验先行助力理论总结

长期以来,在教育理论研究和教育实践这两块领地里存在着分工:从事教育科学理论研究的是那些专门的研究人员,而从事教育实践的则是第一线的教师,这就使得中小学教师产生了一种错误的观念,认为搞教育科研是那些"脱离实践"的专家们的事情,他们不能"越俎代庖"[1]。工作在教育第一线的教师,不开展必要的教育科研,使得许多好的教育经验自生自灭,得不到及时总结,多种多样的教育问题得不到及时解决。脱离教育实践的教育理论往往显得高深莫测却解决不了

---

[1] 王世成,洪成旗.发挥名师工作室作用,"四轮"驱动新教师专业发展[J].地理教育,2021(03):50—51.

实际问题,脱离教育理论指导的教育实践,长期囿于低层次经验摸索,有些甚至常年在原地"绕圈子",教育质量提高缓慢,违反教育规律的事屡见不鲜,严重地影响了教育事业的发展。学校必须采取各种措施,转变教师的观念,使教师在认识上把教育科研看作是教育的一个组成部分,进行教育科研是每个教师必须履行的职责,使教师增强开展教育科研的自觉性和主动性,成为教育科研的主人。

3. 理论成果指导实践

科研成果为学校发展奠定了基调,为教师成长提供了平台。以语文研究为主的小组合作学习的稳步推进为学生学习提供了帮助。英语教研的系统性学习策略也是集团内教学推进的核心,理论指导实践的效果逐渐呈现。特别是学科之间的沟通与交流,共享课程的做法也为学校之间提供了共享的资源。

三、教师流动对提升学校教育质量的作用

(一) 师生关系的融洽

全新的教育环境给了师生共同成长的空间。民主和谐的师生关系是学校环境形成的基础,师生关系在新的环境下磨合,形成更加民主和谐的氛围。

1. 教与学的促进

在师生交往活动中,教师有教的意图,学生有学的愿望。良好的师生关系使学生在没有压力情况下轻松愉快地学习,师生在教学活动中互相合作,无疑就有可能使学生更简捷有效地获取专门知识,也有助于教师了解学生的思想和学习情况,从而不断提高教师的业务水平。另外,良好的师生关系更能加深师生之间相互理解,融洽师生关系,从而提高教师在学生中的威信,也有助于教师认识自己、认识学生、认识教学与社会的关系,从而帮助教师去调整、完善自己,同时能更好地调动学生的学习积极性。

2. 构建和谐师生关系

建立良好的师生关系既是新课程实施教学改革的前提和条件,又是新课程改革与教学改革的内容和任务。教与学的过程,实质上就是一种师生交往的过程,教学目标的实现不仅取决于传授知识的技能,更为重要的是取决于教学交往关系的好坏。当前,努力构建和谐的新型师生关系成为当务之急。作为教师,我们应

该与时俱进,迎接挑战。我们要努力和学生建立和谐的师生关系,因为和谐发展是教育的理想境界,是新课程改革全力倡导和追求的价值取向①,只有关注学生情感,营造宽松、民主、平等、和谐的氛围,才能使学生形成健全的人格,才能使教学充满文化魅力和生命活力,才能使教育走上一个新台阶!②

(二) 课堂教学的优化

1. 课堂理念的转变

教师流动带动学校间文化、教学的互动,课堂教学在不断交流中优化。在实践中,教师流动带动课堂教学活动模式的更新,教师采用交往、互动的方式,师生之间相互交流,相互沟通,相互启发,相互补充,在教学过程中让教师与学生分享彼此的思考、经验和知识,交流彼此的情感、体验与观念,丰富了教学内容,求得了新的发现,从而达到共识,共享、共进,实现教学相长和共同发展。有一次上关于美的话题作文课,上课时,Z教师只是想去唤醒和激励学生心中对美的理解,在尊重学生的主体意识与平等意识,爱护学生的好奇心、求知欲的同时,达到一种生命质量的提升。老师制作了一些幻灯片,可学生的发言很热烈,于是教师把说的机会留给学生。其实我们完全可以以写作来释放文明的气息,用真善美来充实、滋养、感染、熏陶我们的学生,让他们健康而忘我地成长。如果我们做到了这些,教育的意义也就不会泯灭了。在教学中,教师要创设能引导学生主动去说的环境,促进学生主动地富有个性地去学习,让教学变成一种充满智慧的挑战,让教学的过程变成师生交往、积极互动、共同发展的过程。不过,有些老师以为新课改就是完全摒弃传统的教法和学法,其实不对。常言道,继承创新,推陈出新。一个新的理念的实施必然是建立在破的基础上,有所破才能有所立,但这绝不意味着对传统优秀理念的完全摒弃。课堂教学亦是如此。虽然它在课程结构设置、目标设计等方面都有较大的改革,给我们耳目一新之感,但在我们的教学力求新的同时,也不要忘记学习一些学校好的传统教法与学法,特别是语文教学中那些行之有效的教法与学法。因为只有继承传统中优秀的东西,才可能创造出新的教学方法,才可能真正达到新课标的要求。

---

① 常亚慧.教师流动:城乡失衡与学校类型差异[J].南京师大学报(社会科学版),2021(02):38—48.
② 刘杭.教师流动政策研究的系统性文献综述[J].菏泽学院学报,2021,43(01):55—59,64.

2. 课堂教学方式的更新

在教育资源不断优化的时代，小学的各类学科教育也不断优化。目前的新理念新课标也对小学学科提出了完善的教学标准，在教师以学生为学习课程的主体及"以生为本"的教育理念下，根据各个学生的不同学习情况制定相应的教学课程。与此同时，加强自主学习的意识，摒弃传统的教育观念，抛弃学生在上课时老师采取被动灌输式的教学方法，放弃学生靠"刷题"来熟悉学科的方式。让学生在学习中更灵活地去发现及处理问题，培养学生自主发现探究问题及自主学习的能力。在新课标要求的教育环境下，教师们必须创新课堂教学方式，增强学生组织学习能力的培养。自主学习的方式不仅能让学生有效地学习小学阶段的学科知识，还可能在学习中发现学习的乐趣和开拓学生学习的知识面，培养学生在学习中大胆质疑、大胆提问的精神，加深对知识的深层次理解，更好地掌握知识。

四、教师流动对教育均衡化的作用

（一）形成集团办学的凝聚力

集团区域办学的互动交流促进共同发展、共同进步，形成凝聚合力。推进课程资源、教师资源的集团化整合。以"柔性流动""集团培训"方式，整合集团教师资源，建立以学科带头人、高级指导教师为主体的集团内优质师资柔性流动机制。全面提升集团内教师的专业能力，对新入职青年教师集中进行入职教育及教学培训，对30周岁以下青年教师进行月度主题培训。组建以上理工附小为集团总校、区域内5所小学为成员单位的上理工附小教育集团，探索完善集团化背景下的管理制度，在兼顾成员校实际情况的基础上，以"四中心"的内部管理架构，推动集团内部的"管"有章可循、"行"有法可依。优质均衡发展是集团化办学的出发点与最终目标。集团化办学背景下，校际间的合作互动成为了整合资源、创造优越办学条件、促进学校个性生长的基本途径，而教师流动便是有力抓手。教师的合理流动，打破了教师终生固守一校的陈旧格局，不仅为教师队伍不断输入了新鲜血液，有利于促进教师的专业发展，而且也有利于促进集团内的师资资源的均衡分布和整体教育质量的提升，有利于教育公平的实现。从2016年开始，集团经历了5轮流动,流动带来的效益日益显著。

(二) 减少区域间办学的差异

区域办学存在差异,教师流动促进区域间发展均衡化,减少差异。学习是在研究的过程中进行的。大家来到现实世界中,到实践里寻找真实存在的问题。发现问题后,他们把各学科的知识结合在一起解决问题,并且在过程中进行自我反省和学习。在这样的过程中,学生也会逐渐发现自己的兴趣和能力所在。有的小组研究纽约的各个大桥,而有的小组则将目光放在了生物科学的研究上。每个学生兴趣的不同,促使他们需要相互协作,运用不同学科的知识共同解决问题。所以,教育需要转变,从过去简单地让学生听从命令,转变到如今鼓励他们自主地去发现问题,解决问题。我们过去的教育本身就是泡沫,而现在要让学生在现实世界中受到教育,鼓励学生在教室中积累改变世界的能力。如今,学生只是单纯地获得知识、记住知识,而这些知识往往非常肤浅,只是为了检查学生是否善于标准化考试。我们应该改变现在的做法,鼓励学生掌握深入的知识,锻炼深入地把各学科知识相结合的能力。同时,我们要强调学生自我养成合作和坚持的能力。当学校进行测试的时候,最重要的不是关于知识的检测,而是关于个人和他人如何合作的测试。所以,我们的教育应该把合作能力植入年轻人的生命当中,让学生知道如何合作来解决问题是一个人非常关键的能力。学习最重要的是要学做一个人,学会如何做好事情、如何解决问题。

(三) 促进学生教育权利的公平

区域间生源接受的教育趋于和谐公平,保障学生受教育权利的公平,保障特殊群体学生平等接受义务教育的权利。不放弃每一个孩子,体现着我们党以人为本的执政理念。要进一步完善政策,探索有效途径,为解决就学问题创造条件。推动区域内教育资源均衡配置,努力办好每一所学校。当前一些地方愈演愈烈的"择校热",是区域内教育资源配置不合理的直接反映,必须下大力气尽快解决。

一要推动硬件教育资源的均衡配置。各地要抓紧制订和完善义务教育学校基本办学标准,积极稳妥推进标准化建设。标准化建设要因地制宜,合理适度,安全实用。对低于办学标准的集团内薄弱学校要加大改造力度,逐步统一学校公用经费和生均教育经费标准,保证学校教学设施、仪器设备、图书资料等资源配置基本均衡,使区域内中小学生基本享有同等的学习生活条件。

二要加强薄弱学校的教师队伍建设。教师队伍素质决定教育质量。要改变薄弱学校的状况,从根本上必须建立一支高素质的教师队伍。要大量吸收优秀高校毕业生进入教师队伍,使整个教师队伍的知识层次和学历水平有明显提高。要创新教师补充和退出机制,把好入口关,制定教师资格标准,进行资格考试,建立资格定期认证制度,对不符合条件的要进行调整。要加强区域内教师资源的统筹管理和合理配置,有条件的城区和农村要逐步建立教师定期交流的制度。加大集团内学校教师对口支援其他学校、优质学校对口支援薄弱学校的力度。对集团内现有教师要加强培训,尽快提高教师教学水平和职业素养。

三要促进优质教育资源共享。教育信息化是共享优质资源的最好载体,是推进义务教育均衡发展成本较低、便捷高效的途径。要把建设中小学现代远程教育平台作为重要抓手,建成遍及区域内外、覆盖所有学校的信息基础设施和应用体系。要建立优质教育资源库,加强名师、名校、特色优势学科等教学资源开发,做到优秀课程和教材可以在网上随时查到。教育部门要与各部门合作,整合互联网等资源,共同推动教育信息化发展,这不仅对教育有好处,也能带动信息产业发展。鼓励名校开放优质教学资源,通过网络输送到集团内薄弱学校,以信息化推动均衡发展。名校要积极承担社会责任,通过组建教育集团、托管、培训和结对子等形式,支持带动薄弱学校,使先进教育理念和优质教学方法影响更多学校、惠及更多孩子。要因地制宜集中建设一批中小学公共图书馆、体育场和劳动技能基地等设施,为实现区域内资源共享搭建平台。①

---

① 张曦琳,田贤鹏."双一流"建设中的教师流动治理:挑战、困境与举措[J].高教探索,2020(03):108—114.